Mein großer
Naturführer

Inhalt

VÖGEL — 5

Merkmale von Vögeln — 6
Für den Nachwuchs sorgen — 8
Zugvögel — 10
Vögel des Waldes — 12
Wasservögel — 14
Vögel der Meeresküste — 16
Vögel in Mooren und Gebirgen — 18
Vögel in Städten und Dörfern — 20
Als Vogelkundler gut ausgerüstet — 22
Spuren sammeln — 24
Vögel bestimmen — 26

INSEKTEN — 33

Merkmale von Insekten — 34
Insektengruppen — 36
Entwicklung, Wachstum, Verwandlung — 38
Die Sinne der Insekten — 40
Fortbewegungsarten der Insekten — 42
Vielfraße — 44
Ameisen und Bienen — 46
Schmetterlinge — 48
Insekten in Bäumen — 50
Insekten im Teich — 52
Als Insektenforscher unterwegs — 54
Insekten bestimmen — 56
Insekten auf Blumen — 60

WILDBLUMEN — 61

Bauplan und Merkmale — 62
Fortpflanzung — 64
Blumen der Wälder — 66
Heiden, Moore und Gebirge — 68
Wiesen und Feuchtgebiete — 70
Teiche und Flüsse — 72
Meeresküsten — 74
Wildblumen in Hecken — 76
Wildblumen in Städten — 78
Wildblumen bestimmen — 80
Ein Herbarium anlegen — 84

BÄUME   85

Merkmale von Bäumen   86
Blätter   88
Blüten, Früchte, Samen   90
Winterknospen   92
Wachstum von Bäumen   94
Forstwirtschaft und Holz   96
Lebensraum Wald   98
Schädlinge, Pilze und Verletzungen   100
Bäume untersuchen   102
Bäume bestimmen   104
Bäume im Winter   108

LEBENSRAUM GARTEN   109

Gartenpflanzen   110
Unkräuter   112
Gartenbewohner   114
Leben im Boden   116
Gartenvögel   118
Insekten im Garten   120
Gartenspinnen   122
Schnecken und andere Kleintiere   124
Der nächtliche Garten   126
Tiere in den Garten locken   128
Gartenbesucher   130
Amphibien im Gartenteich   132
Gartentiere und -pflanzen bestimmen   134
Tiere auf Gartenbäumen   136

MEERESTIERE   137

Wale   138
Delfine, Haie, Rochen   140
Kraken, Kalmare, Schwämme   142
Schnecken, Muscheln, Schalentiere   144
Bewohner polarer Gebiete   146
Giftige Meeresbewohner   148
Korallenriffe   150
Tiefseebewohner   152
Bedrohte Arten   154

Register   156
Quizlösungen zur CD | Impressum   160

VÖGEL

Ob du am Meer spazieren gehst, durch den Wald streifst oder dich in einem Stadtpark ausruhst, überall kannst du den kleinen und großen gefiederten Königen der Lüfte begegnen. Im ersten Kapitel lernst du, auf welche Merkmale du achten musst, um Vögel zu bestimmen. Du erfährst außerdem Wissenswertes zur Lebensweise, Ernährung und dem Brutverhalten von Vögeln. Nützliche Tipps helfen dir, dich als Vogelkundler selbst aufzumachen, um das Leben von Vögeln zu beobachten.

Merkmale von Vögeln

Körperbau
Ist der Vogel klein, mittelgroß oder sehr groß, länglich oder rundlich? Wie groß ist der Vogel im Vergleich zu einem dir bekannten Vogel: eher wie ein Sperling, eine Krähe, eine Amsel oder eine Ente?

Kopf
Ist der Kopf groß oder klein? Sitzt er auf einem langen Hals oder direkt zwischen den Schultern? Wie sieht das Gefieder am Scheitel, über den Augen oder an der Kehle aus? Trägt der Vogel auf dem Kopf eine Federhaube?

Laute
Welche Laute und Töne gibt der Vogel von sich? Zwitschert er auf besonders klangvolle Weise?

Gefieder
Hat es auffällige Farbflecken und wenn ja, an welchen Körperteilen? Ist es gestreift oder getupft?

Flügel
Sind sie lang oder kurz, großflächig oder schmal, abgerundet oder sind sie gefingert?

Nahrung
Was frisst der Vogel: Insekten, Körner, kleine Tiere oder gar andere Vögel?

Ein Rotkehlchen kannst du bestimmt ganz leicht von einer Amsel unterscheiden. Aber manchmal ist es gar nicht so einfach, einen Vogel exakt zu bestimmen. Auch Vogelkundler müssen sehr genau hinschauen, welche Merkmale ein Vogel hat, damit sie ihn benennen können.

Dieses **Sperberweibchen** jagt eine männliche **Rohrammer**. Das kannst du notieren:

Flügel: abgerundet mit angedeuteten „Fingern"
Schwanz: lang mit bunten Bändern
Schnabel: Hakenschnabel
Kopf: weißer Überaugenstreif
Lauf: gelb mit gelben Zehen und Krallen

Größe: sperlingsgroß
Kopf: klein, schwarz mit weißem Kragen
Schnabel: kurz
Flügel: am Ende abgerundet
Schwanz: gerade mit weißen äußeren Schwanzfedern

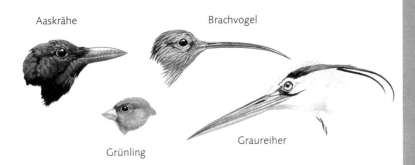

Aaskrähe

Brachvogel

Grünling

Graureiher

Die Form des **Schnabels** verrät dir, was ein Vogel frisst, wie er Nahrung findet und wo er lebt. Die **Aaskrähe** frisst zum Beispiel Aas (tote Tiere), Kleintiere oder auch Pflanzen und benötigt deshalb einen praktischen Allzweckschnabel. Der **Grünling** dagegen braucht einen kurzen, aber sehr kräftigen Schnabel zum Knacken von Samen und Körnern. Der **Große Brachvogel** stochert mit seinem langen, leicht gebogenen Schnabel im Schlick nach Essbarem, während der **Graureiher** mit seinem langen und kräftigen Schnabel blitzschnell nach Fischen, Fröschen oder Insekten schnappt.

Männchen

Sommer

Jungtier

Winter

Weibchen

Altvogel

① ② ③

❶ Männchen und Weibchen
Bei manchen Vogelarten, wie zum Beispiel den **Amseln**, unterscheiden sich Männchen und Weibchen deutlich in der Färbung ihres Gefieders und Schnabels.

❷ Sommer und Winter
Bei einigen Vögeln ist das Gefieder im Winter anders gefärbt als im Sommer. Das kannst du bei den **Lachmöwen** beobachten.

❸ Jung und alt
Junge Vögel können manchmal ganz anders aussehen als ihre Eltern. Vergleiche einmal das Gefieder eines erwachsenen und eines jungen **Rotkehlchens**.

FRAGENKATALOG

Lebensraum
Wo lebt der Vogel: im Wald, in der Stadt, an einem Gewässer, unter Hausdächern, in Hecken?

Schnabel
Ist er zierlich, schlank, gebogen oder gekrümmt? Welche Farbe hat der Schnabel?

Flugbahn
Fliegt der Vogel wellenförmig, kreisend oder schnell und gerade hoch in den Lüften? Welche Gestalt hat der Vogel während des Flugs: Streckt er Hals und Kopf lang, zieht er die Läufe ein?

Schwanz
Ist er lang oder kurz, gegabelt, gerundet, gefächert oder gezackt?

Fortbewegungsart
Hüpft, läuft, watet oder stolziert der Vogel? Klammert er sich an einem Baum fest oder klettert er am Stamm entlang? Tut er das mit dem Kopf nach unten oder oben?

Beine und Lauf
Sind sie kräftig, zierlich oder sogar gefiedert? Erkennst du an den Zehen Schwimmhäute oder Krallen?

7

Für den Nachwuchs sorgen

BALZ

Bei den meisten Vögeln werben die Männchen während der Balzzeit um die Gunst der Weibchen. Dazu nehmen sie ein prächtiges Balzkleid an, rufen oder ziehen tänzelnd durch die Luft. Bei den **Eisvögeln** bringt das Männchen dem Weibchen eine Art Hochzeitsgeschenk, zum Beispiel einen besonders leckeren Fisch. Nimmt das Weibchen dieses Balzgeschenk an, bedeutet dies, dass es sich mit ihm paaren will.

Besonders spektakulär balzen die **Haubentaucher** während ihrer sogenannten Schüttelzeremonie. Männchen und Weibchen schwimmen aufeinander zu, sie rufen und drehen ihre Köpfe hin und her. Das sieht aus, als würden beide miteinander tanzen. Erst tauchen sie ab und holen Wasserpflanzen herauf, danach heben sie sich regelrecht aus dem Wasser und reiben ihre Bäuche aneinander.

Bei den **Stockenten** schlägt das Männchen mit den Flügeln und spritzt Wasser aus seinem Schnabel. Dazu pfeift und grunzt es. **Tafelentenmänner** schwimmen um das Weibchen herum und biegen dabei immerzu ihren Kopf vor und zurück.

Im Frühling sind viele Vögel besonders beschäftigt, denn die Zeit der Paarung und des Nestbaus beginnt. Die Angriffslust der Vögel steigt, weil die Partnerin und das Nest gegen Eindringlinge verteidigt werden müssen. Sind die Jungen geschlüpft, halten die meisten ihre Eltern mit hungrigem Gezwitscher pausenlos auf Trab.

Eisvogel

Weibchen

Männchen

Weibchen

Haubentaucher

Männchen

Männchen

Weibchen

Tafelenten

Männchen

Weibchen

Männchen

Weibchen

Stockenten

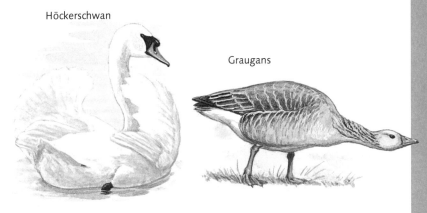

Höckerschwan

Graugans

Aufzucht der Jungen

Wenn **Graureiher** schlüpfen, sind sie blind und haben keine Federn. Mehr als einen Monat lang müssen die hilflosen Jungen im Nest bleiben und von Vater und Mutter versorgt werden.

Aber nicht alle Jungvögel sind derart von ihren Eltern abhängig. Junge Enten haben Federn, können schwimmen und sich schon kurz nach dem Schlüpfen selbst Futter suchen. Andere Vogelkinder fordern mit lautstarkem Geschrei und offenen Schnäbeln nach Nahrung.

Der **Teichrohrsänger** baut sein kunstvolles Hängenest aus Gras im dichten Schilf. Es hat die Form eines tiefen Bechers, damit die Jungen bei Wind nicht herausfallen.

Wasseramseln verstecken ihr becherförmiges Nest aus Moos und Gräsern in Ritzen zwischen Steinen an Flüssen, unter Brücken oder hinter Wasserfällen.

Graureiher

Zugvögel

Millionen von Vögeln ziehen in großen Schwärmen zweimal im Jahr von einem Kontinent in einen anderen. Ein wichtiger Grund ist der Winter, denn viele Gewässer frieren zu und die Erde ist mit Schnee bedeckt. Futter ist nur schwer zu finden. Wenn es im Sommerquartier wieder wärmer wird, kehren sie zurück. Vögel, die sommers wie winters das gleiche Quartier bewohnen, heißen Standvögel.

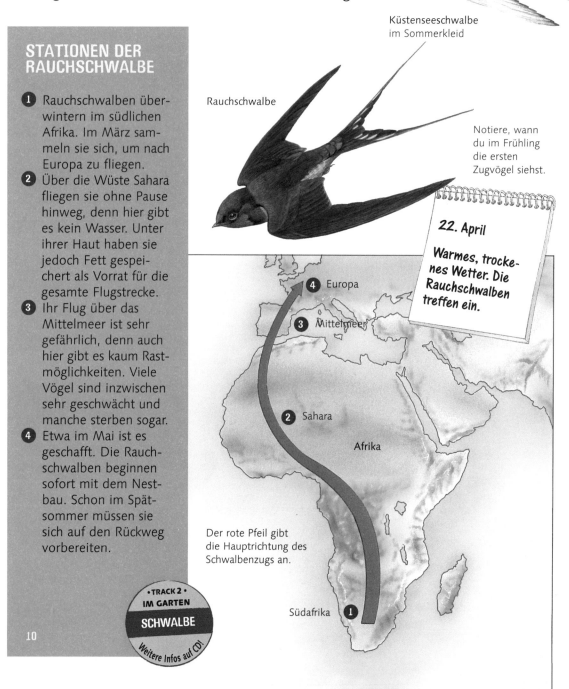

Küstenseeschwalbe im Sommerkleid

STATIONEN DER RAUCHSCHWALBE

1 Rauchschwalben überwintern im südlichen Afrika. Im März sammeln sie sich, um nach Europa zu fliegen.

2 Über die Wüste Sahara fliegen sie ohne Pause hinweg, denn hier gibt es kein Wasser. Unter ihrer Haut haben sie jedoch Fett gespeichert als Vorrat für die gesamte Flugstrecke.

3 Ihr Flug über das Mittelmeer ist sehr gefährlich, denn auch hier gibt es kaum Rastmöglichkeiten. Viele Vögel sind inzwischen sehr geschwächt und manche sterben sogar.

4 Etwa im Mai ist es geschafft. Die Rauchschwalben beginnen sofort mit dem Nestbau. Schon im Spätsommer müssen sie sich auf den Rückweg vorbereiten.

Rauchschwalbe

Notiere, wann du im Frühling die ersten Zugvögel siehst.

22. April

Warmes, trockenes Wetter. Die Rauchschwalben treffen ein.

4 Europa

3 Mittelmeer

2 Sahara

Afrika

Der rote Pfeil gibt die Hauptrichtung des Schwalbenzugs an.

Südafrika 1

• TRACK 2 •
IM GARTEN
SCHWALBE
Weitere Infos auf CD!

Der **Weißstorch** bewohnt sein Sommerquartier in den feuchten Wiesen und Sümpfen Mitteleuropas. Zum Überwintern in Afrika oder Indien sammelt er sich mit anderen Artgenossen an den Küsten.

Der **Wiedehopf** fällt durch seine kakaduähnliche Haube auf. Mit langsamen Flügelschlägen begibt er sich jeden Herbst auf die Reise nach Südeuropa und Afrika. Erst im Frühjahr kehrt er nach Mitteleuropa zurück.

Anders als der Storch überwintert die **Rotdrossel** bis zum April in unseren Gefilden. Dann fliegt sie zurück in den Norden, wenn es dort milder ist.

Die **Mönchsgrasmücke** und der **Fitis** sind Singvögel. Beide gehören zu den häufigsten Sommergästen in Europa. Den Winter verbringen sie in Afrika. Aber manchmal überwintern einige Mönchsgrasmücken sogar bei uns in Europa.

Gefährliches Licht

Stare brechen im Herbst nach Afrika auf. Leider erreichen nicht alle ihr Ziel: Manche Vögel sterben, weil sie zu schwach sind. Andere werden von den hellen Lichtern der Leuchttürme oder von grell erleuchteten Gebäuden angezogen. Dort prallen sie dagegen, verletzten sich und verenden schließlich.

Fitis

Mönchsgrasmücke

• TRACK 3 •
IM WALD
STAR
Weitere Infos auf CD!

11

Vögel des Waldes

Der Wald lockt viele Vogelarten als Platz zum Leben an. Hier finden sie neben verschiedenen Pflanzen und Insekten auch zahlreiche Kleintiere als Nahrungsquelle und ideale Möglichkeiten zum Nisten. Manche Arten leben lieber in Nadelwäldern, andere bevorzugen Laubwälder mit Sträuchern und Büschen.

• TRACK 3 •
IM WALD
TANNENMEISE
Weitere Infos auf CD!

Das **Wintergoldhähnchen** ist der kleinste Vogel Europas. Es bleibt sommers und winters bei uns und bewohnt sowohl Nadel- als auch Mischwälder.

Die **Tannenmeise** nistet in Erd- und Baumhöhlen oder zwischen den Baumwurzeln in Nadelwäldern.

Der **Buchfink** wohnt in Laub- und Nadelwäldern. Du kannst ihn auch in Gärten antreffen.

Die **Nachtigall** siehst du selten, hörst aber ihren schönen Gesang. Sie nistet in Büschen.

Der **Zilpzalp** kehrt jeden Sommer aus Afrika zurück. Bei uns kannst du ihn meist in Laubwäldern antreffen.

Der **Trauerschnäpper** lauert auf einem Ast, bis er ein Insekt erspäht. Dann stößt er herab und schnappt die Beute.

Der **Eichelhäher** vergräbt im Herbst Eicheln als Wintervorrat im Boden.

Die **Gartengrasmücke** ist mit der Mönchsgrasmücke verwandt. Wie viele andere Waldvögel sucht sie nach Raupen und Insekten.

Der **Waldkauz** ist nachts auf der Jagd nach Mäusen und Insekten unterwegs und mit einer Größe von etwa 40 cm ein stattlicher Waldbewohner.

Der **Schwarzspecht** ist der größte Specht Europas. Er zimmert sich seine großen Baumhöhlen vor allem in Nadelwäldern.

• TRACK 3 •
IM WALD
GRÜNSPECHT
Weitere Infos auf CD!

Der **Kleinspecht** ist der kleinste Specht Europas. Er legt sich seine Bruthöhlen in abgestorbenen Laubbäumen an. Das Männchen erkennst du an der typischen roten Kappe am Kopf.

Den **Grünspecht** unterscheidest du durch sein grünes Gefieder leicht von seinen Artgenossen. Er legt seine Bruthöhlen in Laub- und Mischwäldern an.

Die **Waldschnepfe** tarnt sich mit ihrem Gefieder perfekt zwischen den herabgefallenen Blättern. Ihr dünner Schnabel ist sehr praktisch beim Würmersuchen.

Der **Kleiber** frisst Kleintiere und Samen und sucht sich mit seinem spitzen, starken Schnabel die Nahrung auf der Rinde von Bäumen.

Löcher in Bäumen

Tok, tok, tok: Mit ihrem typischen Hämmern suchen **Spechte** nicht nur nach Insekten in der Baumrinde, sie hacken auch ihre Nisthöhlen in Bäume. Haben sie ihre Wohnung verlassen, ziehen manchmal andere Tiere dort ein.

von einem Kleiber genutztes Einflugloch

von einem Specht gezimmertes Loch

Wasservögel

ENTEN

An unseren heimischen Gewässern leben zahlreiche Entenvögel. Zu dieser Gruppe gehören sowohl die Enten, als auch die Gänse und Schwäne. Vogelkundler unterscheiden zwei Hauptgruppen. **Tauchenten** tauchen komplett unter die Wasseroberfläche ab und finden dort ihre Nahrung, wie kleine Tiere, Insekten oder Fische. **Schwimmenten** „durchschnattern" die Wasseroberfläche oder gründeln nach Futter, ohne dabei ganz abzutauchen.

An Seen, Teichen und Flussufern kannst du besonders viele Vögel beobachten. Manche Vogelarten bewohnen die Ufergebiete. Andere kommen nur zum Baden, Trinken oder zur Nahrungsbeschaffung. An Gewässern mit einem dichten Pflanzenwuchs finden viele Vögel ideale Plätze zum Nestbau und zur Aufzucht des Nachwuchses.

Reiherenten tauchen in 1–2 m Tiefe nach Wasserpflanzen, Insekten und kleinen Fischen.

Pfeifenten holen sich Körner und Gräser von Feldern, sie gründeln aber auch.

Mauersegler fressen und schlafen sogar im Flug. Sie jagen Fliegen und Käfer.

• TRACK 2 •
IM GARTEN
MAUERSEGLER
Weitere Infos auf CD!

Eine **Löffelente** seiht (siebt) mit ihrem breiten Schnabel Nahrung aus Wasser und Schlamm.

Das **Teichhuhn** frisst im Wasser Pflanzen und kleine Tiere. An Land sucht es nach Samen und Körnern.

Die **Krickente** ist die kleinste Ente Europas. Sie sammelt Wasserpflanzen und Samen von der Wasseroberfläche.

• TRACK 8 •
AM TEICH
STOCKENTEN
Weitere Infos auf CD!

Stockenten sind gründelnde Enten. Sie finden ihre Nahrung knapp unter der Wasseroberfläche. Sie können aber auch tauchen.

Graugänse leben am Wasser, verbringen aber viel Zeit an Land. Dort rupfen sie mit ihren Schnäbeln Gräser aus.

Rohrdommeln nisten im Schilf, weil sie sich dort sehr gut tarnen können. Sie fressen Frösche, kleine Fische und Insekten.

Der **Eisvogel** taucht pfeilschnell aus der Luft nach kleinen Fischen und Insekten hinab.

Die Gefiederpflege

Baden: Wasservögel baden auch, um ihr Gefieder sauber zu halten. Du siehst das, wenn ein Vogel mit seinen Flügeln auf das Wasser schlägt und sich auf der Wasseroberfläche wälzt. Danach schüttelt er sich trocken.

Putzen: Ist das Bad beendet, dann plustern sich Enten auf. Sie knabbern an ihren Federn und ziehen diese durch den Schnabel. So werden die Federn nochmals gesäubert und in Form gebracht.

Einölen: Zuletzt reiben die Vögel mit Schnabel und Kopf Öl auf ihre Federn. Das Öl entnehmen sie der Bürzeldrüse an ihrem Schwanz. Dadurch wird das Gefieder wasserdicht und geschmeidig.

Vögel der Meeresküste

An den Meeresküsten ist immer etwas los. Im Sommer treffen die Zugvögel aus Afrika und der Antarktis an den europäischen Küsten ein, um hier zu brüten. Im Winter kommen kleine Watvögel aus dem Norden zum Überwintern. Im Frühling kehren sie dann zurück an ihre Nistplätze.

Knutt
(im Sommergefieder)

Zum Überwintern fliegen große **Knuttschwärme** von ihren Brutplätzen in Grönland, Nordkanada oder Nordsibirien nach Süden. Hier suchen sie ihre Nahrung an den sandigen und schlammigen Küstenstreifen. Im Winter tragen sie ein graues Gefieder.

Ringelgans

Die **Ringelgans** überwintert an den Küsten West- und Mitteleuropas. Hier frisst sie Seegras und Salzpflanzen. Ihren Nachwuchs zieht sie in Grönland und Nordrussland auf. Dort ernährt sie sich von Gräsern und Moos.

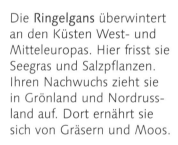

Brandgans

Die **Brandgans** gehört zu den häufigsten Vögeln auf Salzmarschen. Sie richtet ihre Nester in Erdhöhlen ein und benutzt manchmal sogar verlassene Kaninchenbaue.

Die **Flussseeschwalbe** nistet in Kolonien auf Salzmarschen oder auf Kies- und Sandbänken. Ihr Nest baut sie in Mulden auf der Erde.

Flussseeschwalbe

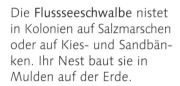

Eissturmvogel

Basstölpel bauen ihre Nester aus Tang auf den Klippen des Nordatlantiks. Der Abstand zum Nachbarnest beträgt etwa einen Meter. Im Sturzflug schießen sie aus bis zu 30 m herab, wenn sie einen Fisch erspäht haben.

Papageitaucher haben während der Brutzeit einen rot-blau-gelben Schnabel. Damit graben sie Nisthöhlen auf den grasbewachsenen Klippen. Sie brüten auf der obersten Etage dicht nebeneinander.

Papageitaucher

Basstölpel

Der **Eissturmvogel** ähnelt den Möwen. Er trägt auf seinem Schnabel jedoch röhrendförmige Nasenlöcher. Stundenlang segelt er über dem offenen Meer. Seine Eier legt er in Felsmulden oder zwischen Gräser an den oberen Klippen.

Tordalken legen nur ein einziges Ei in eine Felsspalte oder unter einen Felsvorsprung einer Klippe. Das Nest ist spärlich ausgestattet. Manchmal bauen sie überhaupt kein Nest.

Tordalk

Trottellummen bewohnen meist die ersten zwei Etagen eines Vogelfelsens. Sie bauen keine Nester. Ihr einziges Ei legen sie auf eine Felskante. Da das Ei birnenförmig ist, kann es nicht herunterkullern. Fische, Krabben und Weichtiere fangen sie aus einer Wassertiefe von bis zu 15 m.

Trottellumme

Krähenscharbe

Krähenscharben sind mit Kormoranen verwandt. Sie sind kleiner und haben einen schwarzen Kopf ohne weiße Zeichnung.

Kormoran

Kormorane brüten an Felsen und Klippen. Da sie kein Wasser abweisendes Gefieder haben, breiten sie ihre Flügel zum Trocknen auf Felsen aus.

Vögel in Mooren und Gebirgen

Moorgebiete entstehen, wenn Seen austrocknen.
Viele Vogelarten finden hier Raum und Futter
zum Leben. In Hochmooren ist die Artenvielfalt
nicht so groß, weil das Klima dort unwirtlicher
ist. Die rauen, oft kalten und schneebedeckten
Gebirgsregionen bieten mächtigen Raub- und
Greifvögeln eine Heimat.

Die Abbildungen der Vögel und Tiere sind
nicht im gleichen Maßstab gezeichnet.

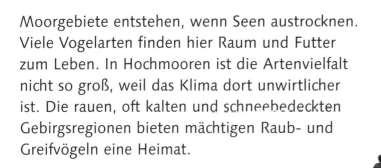

Die **Sumpfohreule** nistet am
Boden von Mooren, Sümpfen
und Heiden. Tagsüber jagt
sie kleine Nagetiere wie
Wühlmäuse oder Lemminge.

Der **Steinadler** ist der größte
Gebirgsvogel Europas. Er brütet
in den ruhigen Regionen der
Alpen und Karpaten. Ein Adler-
nest nennt man auch Horst.

Das **Schottische Moorschneehuhn** lebt nur in
den Hochmooren Großbritanniens. Es ist mit
dem **Moorschneehuhn** verwandt, das nur auf
dem europäischen Festland lebt. Das Moorschneehuhn trägt, genau wie das Alpenschnee-
huhn, im Sommer ein braunes und im Winter
ein weißes Federkleid.

Schottisches
Moorschneehuhn

Moorschneehuhn

Lemming

Der **Mäusebussard** jagt über offenen Feldern und Wiesen nach Feldmäusen. Er ist unser häufigster Greifvogel. Sein Nest baut er an Feldrändern und in Sträuchern, Büschen oder kleinen Bäumen.

Würger

Würger sind Singvögel, die besonders gut fliegen. Sie leben in Hecken, auf Bäumen und Zäunen. Erbeutete Tiere spießen sie an Dornen- oder Schlehenbüschen auf und lassen sie dort bis zum Verzehr stecken.

Raubwürger

Neuntöter

Der **Wiesenpieper** ist der häufigste Vogel in Mooren, Heiden und Feuchtwiesen. Er baut Bodennester und ernährt sich von Insekten.

Birkhühner leben am Rand von Mooren und Heiden. Der hier abgebildete Birkhahn ist viel größer als die Birkhenne. Sein Schwanz ist leicht gegabelt. Birkhühner verspeisen gern Knospen von Laub- und Nadelbäumen sowie Blätter und Beeren.

Der **Goldregenpfeifer** ist in Hochmooren und Heidegebieten zu Hause. Seine vier Eier legt er in eine flache Bodenmulde.

Der **Steinschmätzer** findet in Mooren und Tundralandschaften seinen Lebensraum. Sein Nest baut er in Mauerlöchern oder verlassenen Kaninchenhöhlen.

Wasseramseln bauen ihre kugelförmigen Nester am Ufer von schnell fließenden Bächen und Flüssen.

Die **Ringdrossel** ist mit der Amsel verwandt. Sie lebt in abgelegenen Tälern der Alpen, in Heiden und Mooren.

Vögel in Städten und Dörfern

Alle Vögel brauchen Nahrung, einen Platz zum Schlafen und zur Aufzucht der Jungen. In Parkanlagen, auf Friedhöfen ❷ und in Gärten ❸ wachsen Bäume und Büsche, auf denen Vögel ihre Nester bauen können. Viele Vögel lassen sich auf Gebäuden nieder ❺. Möwen fliegen zum Schlafen Kiesgruben ❶ oder Wasserflächen ❹ an. Am Stadtrand suchen sie in Klärwerken ❹ oder auf Müllhalden nach Beute. Auch an Eisenbahnschienen und Kanälen ❻ fallen Abfälle an. Wenn es im Winter auf dem Land weniger zu fressen gibt, kommen viele Vögel zu den Futterstellen in den Städten.

In Häusern, Scheunen, Straßen und Parkanlagen der Städte und Dörfer finden viele Vögel Unterschlupf. Das Stadtleben bringt ihnen wichtige Vorteile: Lebensmittelreste, Abfälle und Futterstellen sorgen für ein fast unbegrenztes Nahrungsangebot. Wenn die Temperaturen auf den Feldern, Wiesen und in Wäldern am Abend oder im Winter sinken, ist es in den Städten immer noch relativ warm.

Lachmöwen gehören zu den häufigsten Möwen unserer Städte. Sie versammeln sich an Wasserflächen, in Kiesgruben und auf Wiesenflächen.

• TRACK 9 •
AM MEER
LACHMÖWEN
Weitere Infos auf CD!

Mauersegler ruhen sich nie auf dem Boden aus. Die rasanten Flieger jagen und fressen in der Luft. Sie brüten in Kolonien unter Hausdächern und in Felsspalten.

Manchmal kannst du den trillernden Gesang der **Feldlerchen** hören, wenn sie über Parks und freies Gelände fliegen. Im Winter sammeln sie sich über Kiesgruben.

Die **Schwanzmeise** ist ein Heckenvogel, den du häufig in Parks und Gärten antriffst.

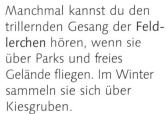

Der **Turmfalke** lebt in Städten und auf dem Land. Über Feldern und unbebautem Brachland sucht er nach Mäusen, während er in der Stadt Jagd auf Sperlinge macht. Auf Hausdächern und hohen Türmen errichtet der Turmfalke sein Nest.

Tauben

Felsentauben brüten an Felswänden oder an Steilküsten über dem Meer. Die Felsentaube ist sozusagen eine Ururgroßmutter der Haustaube.

Stadttauben sind verwilderte Haustauben. Sie fressen Körner und Speisereste. Da ihr Kot Häuser und Denkmäler stark verschmutzt, sind sie vielerorts eine Plage.

• TRACK 2 •
IM GARTEN
BRIEFTAUBE
Weitere Infos auf CD!

Mehlschwalben bauen ihre runden Lehmnester unter den Dächern von Wohnhäusern, Bahnhöfen und Ställen. Du erkennst sie an ihrem weißen Fleck am Schwanzanfang.

Rabenkrähen siehst du häufig, denn sie sind regelmäßige Gäste in Parks und Gärten. Die Allesfresser nisten auf Bäumen.

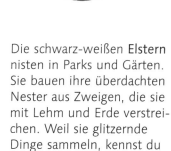

Die schwarz-weißen **Elstern** nisten in Parks und Gärten. Sie bauen ihre überdachten Nester aus Zweigen, die sie mit Lehm und Erde verstreichen. Weil sie glitzernde Dinge sammeln, kennst du bestimmt den Begriff „diebische Elster".

Rauchschwalben ähneln den Mehlschwalben. Ihr Schwanz ist jedoch tiefer gegabelt.

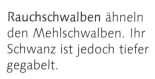

④   ⑤   ⑥   21

Als Vogelkundler gut ausgerüstet

DENKE AN:

☐ bequeme Kleidung, die beim Kauern und Knien nicht zwickt.

☐ Wasser abweisende Kleidung in den Farben Grün, Grau oder Braun, damit du gut getarnt bist.

☐ lange Hosen, damit du dir die Beine im Ge-strüpp nicht aufkratzt.

☐ Mütze oder Hut, damit der Kopf geschützt und getarnt ist.

☐ feste Schuhe oder Gummistiefel für einen guten Halt in unweg-samem Gelände oder auf matschigen und nassen Böden.

☐ Wettercreme zum Schutz vor Kälte und Wind oder zu starker Sonne.

☐ Notizblock und Blei-stift zum Notieren der beobachteten Merk-male, des Zeitpunkts, Orts und bei welcher Aktivität der Vogel beobachtet wurde.

☐ Fotoapparat, um die Merkmale später aus-zuwerten und auf anschauliche Weise in Erinnerung zu behalten.

Schon mit wenigen Hilfsmitteln bist du bestens für die Vogelbeobachtung ausgestattet. Zur Grund-ausrüstung gehören Notizblock und Bleistift und die richtige Kleidung. Brütende Vögel darfst du niemals stören. Es kann passieren, dass erschreckte Vogeleltern ihre Jungen verlassen, die dann qualvoll verhungern müssen.

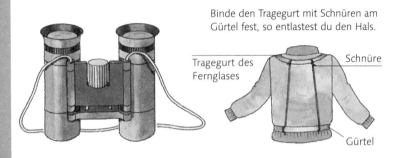

Binde den Tragegurt mit Schnüren am Gürtel fest, so entlastest du den Hals.

Tragegurt des Fernglases

Schnüre

Gürtel

Vögel kannst du meist nur aus einem gewissen Abstand heraus beobachten. Benutze deshalb ein Fernglas, am besten mit achtfacher Vergrößerung. Verwende ein leich-tes Fernglas mit Trageriemen, denn du musst es längere Zeit tragen.

Mit weit aufgesperrten Schnä-beln betteln diese jungen **Singdrosseln** um Futter. Der Altvogel stopft den Wurm in ein Schnäbelchen und holt neue Beute.

Saatkrähe

Nachtigall

Schwarzkehlchen

Im Frühling kannst du Vögel beobachten, die Nistmaterial in ihren Schnäbeln tragen. **Saatkrähen** brechen größere Zweige ab und bauen daraus ihr Nest. Achte auf Vögel, die täglich an derselben Stelle ihren Gesang anstimmen. Wie diese **Nachtigall** haben sie ihr Nest wahrscheinlich in der Nähe. Manchmal siehst du Vögel wie dieses **Schwarzkehlchen**, die Kotpakete aus dem Nest tragen. So halten sie das Nest für ihre Jungen sauber.

Hier bauen Vögel ihre Nester

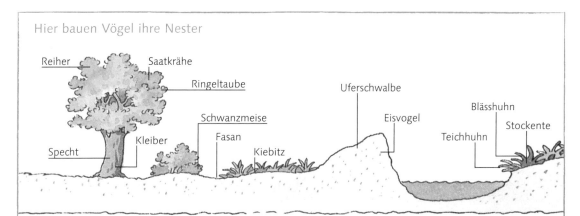

Reiher — Saatkrähe — Ringeltaube — Uferschwalbe — Blässhuhn — Eisvogel — Stockente — Schwanzmeise — Teichhuhn — Fasan — Specht — Kleiber — Kiebitz

Du findest Vogelnester auf Bäumen, in Hecken und am Boden. Manche Arten verstecken ihre Nester in steilen Ufern oder Baumhöhlen. Der **Kiebitz** legt seine Eier in einer kleinen Kuhle direkt auf der Erde ab.

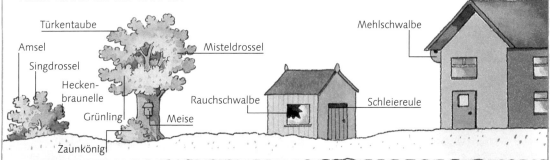

Türkentaube — Mehlschwalbe — Amsel — Misteldrossel — Singdrossel — Hecken-braunelle — Rauchschwalbe — Schleiereule — Grünling — Meise — Zaunkönig

Viele Vogelarten siedeln sich in Gärten und Parkanlagen an. Hier verbergen sie ihre Nester in dichten Büschen und Bäumen, in kletterndem Efeu oder in Nistkästen. Die **Mehlschwalbe** baut ihr Schlammnest unter schützenden Hausdächern. Die **Rauchschwalbe** zieht in Ställe und Schuppen ein. Dort findet auch die **Schleiereule** ihren Nistplatz.

Spuren sammeln

Wenn du aufmerksam durch ein Gebiet streifst, kannst du Spuren finden, die dir wichtige Hinweise auf verschiedene Vogelarten liefern. Schau nach Federn, zerbrochenen Ei-Schalen, Skelettteilen, Flügeln, bearbeiteten Zapfen oder aufgeschlagenen Nüssen. Vielleicht stößt du auf Fußspuren oder Gewöllepäckchen. Lass dir beim Sammeln und Bestimmen von einem Erwachsenen helfen, denn das ist richtige Forschungsarbeit.

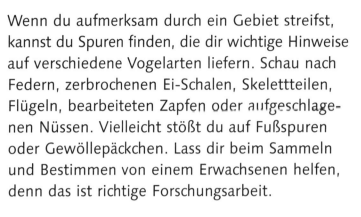

Eichelhäher
Feder

Elster
Feder

Großer Brachvogel
Feder

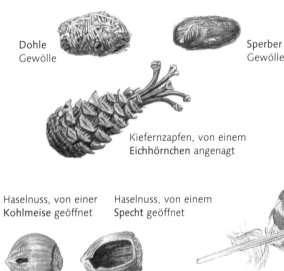

Dohle
Gewölle

Sperber
Gewölle

Kiefernzapfen, von einem
Eichhörnchen angenagt

Haselnuss, von einer
Kohlmeise geöffnet

Haselnuss, von einem
Specht geöffnet

Ei einer Brandseeschwalbe, von einer
Möwe geöffnet

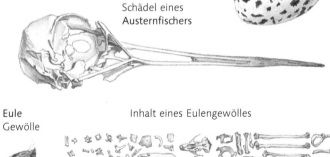

Schädel eines
Austernfischers

Eule
Gewölle

Inhalt eines Eulengewölles

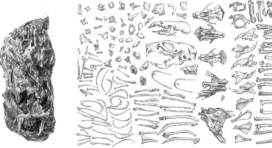

GEWÖLLE

Viele Vögel würgen Gewölle aus. Es besteht aus den unverdaulichen Nahrungsresten wie dem Fell, den Federn und Knochen der verspeisten Beutetiere. Allerdings fressen die meisten Vögel nur sehr kleine Tiere. Deshalb ist es sehr schwer festzustellen, was die Gewölle enthalten.

Kiefernzapfen

Eich-
hörnchen   Kreuz-
schnabel   Specht

Nüsse

Kleiber
(Haselnuss)   Kernbeißer
(Kirschkerne)

Waldmaus
(Haselnuss)   Kohlmeise
(Walnuss)

NUSSKNACKER

Nicht nur Vögel knacken **Nüsse** und **Zapfen**. Auch Eichhörnchen und Mäuse knabbern gerne daran. Jedes Tier benutzt eine andere Technik, um die Samen aus den Zapfen zu holen. Nur erfahrene Vogelkundler können anhand der Öffnung erkennen, ob Vögel oder Nagetiere eine Nuss geknackt haben und sogar, welche Vogelart am Werk war.

Der Zapfenrest zeigt, welches Tier hier seine Nahrung gefunden hat.

Mäuse nagen runde Löcher, manche Vögel hinterlassen Löcher mit gezacktem Rand, andere zerteilen den Kern.

Singdrosseln benutzen Steine als Amboss, um Schneckenhäuser aufzubrechen. Solche Ambosse erkennst du leicht, denn in ihrer Nähe liegen zerbrochene Schneckenhäuser.

Schneckenhaus

zerbrochene
Schneckenhäuser

Amboss

Federn untersuchen

Einschnitte

Klebestreifen   Federkiel

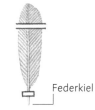

Entenfeder

Federast

Federkiel

Federschaft   Federstrahl

Sammle Federn in einem Album und beschrifte sie. Dazu eignet sich ein Schulheft. Schneide das Papier im Abstand von etwa 1 cm zweimal ein. Stecke die Feder durch den Schlitz und klebe den Kiel mit Klebestreifen fest.

An den Federstrahlen, die von den Federästen ausgehen, sitzen kleine Häkchen. Diese greifen wie bei einem Reißverschluss dicht ineinander. So bleibt die Feder in Form und hält den Körper des Vogels trocken und warm.

Vögel bestimmen

Sperlingsgroße Vögel

Die Größenangaben beziehen sich auf die Länge des Vogels von der Schnabel- bis zur Schwanzspitze. Die Symbole zeigen dir, in welchem Lebensraum diese Vögel hauptsächlich zu finden sind.

Städte/   Wälder   Felder   Wasser
Gärten

Zaunkönig. 9 cm. Der kleinste Vogel unserer Gärten stellt seinen kurzen Stummelschwanz hoch auf.

Wintergoldhähnchen. 9 cm. Kleinster europäischer Vogel. Der gelbe Scheitel ist beim Männchen rot durchzogen.

Blaumeise. 11,5 cm. Häufiger Gartenvogel. Kopf, Flügel und Schwanz sind blau gefärbt.

Waldbaumläufer. 12,5 cm. Er klettert in Spiralen an Baumstämmen hoch.

Kleiber. 14 cm. Er hat einen geraden, spitzen Schnabel und einen schwarzen Augenstreif.

Schwanzmeise. 14 cm. Sehr langer Schwanz; hält sich oft in kleinen Trupps auf.

Kohlmeise. 14 cm. Über ihre Brust zieht sich ein schwarzer Streifen.

Tannenmeise. 11,5 cm. Ihren Nacken schmückt ein breiter, weißer Fleck.

Uferschwalbe. 12 cm. Der Rücken ist braun, auf der hellen Unterseite trägt sie ein braunes Brustband.

Mehlschwalbe. 12,5 cm. Sie hat eine weiße Brust und einen kürzeren Schwanz als die Rauchschwalbe. Sie brütet häufig in Kolonien.

Rauchschwalbe. 19 cm. Sie hat lange Schwanzfedern. Stirn und Kehle sind braunrot gefärbt.

Mauersegler. 16,5 cm. Seine langen Flügel sind sichelförmig.

• TRACK 1 •
IM GARTEN
SINGVÖGEL
Weitere Infos auf CD!

Altvogel   Jungvogel   Weibchen   Weibchen

Männ-chen   Männ-chen

Rotkehlchen. 14 cm.
Typisch ist die rötliche Brust
der Altvögel. Die Oberseite
ist olivbraun gefärbt.

Gimpel. 14,5–16 cm.
Merkmale sind die schwarze
Kopfkappe sowie der weiße
Bürzel und die Flügelbinde.

Grünling. 14,5 cm. Seine
Flügel tragen einen gelben
Streifen und der Bürzel ist
gelbgrün gefärbt.

Stieglitz. 12 cm. Er hat
ein rotes Gesicht und
einen schwarz-weiß
gefärbten Kopf.

Männchen   Weibchen   Männchen   Weib-chen

Heckenbraunelle. 14,5 cm.
Schiefergrauer und brauner
Vogel, der auf dem Boden
nach Nahrung sucht und
sich langsam und unauf-
fällig bewegt.

Haussperling. 14,5 cm.
Das Männchen hat eine
graue Kopfkappe, einen
braunen Nacken und
einen schwarzen Kehl-
fleck.

Feldsperling. 14 cm.
Er trägt eine braune
Kopfkappe und einen
schwarzen Fleck auf sei-
nen weiß gefärbten
Wangen.

Buchfink. 15 cm.
Auffallend ist die dop-
pelte weiße Flügel-
binde. Auch die äuße-
ren Schwanzfedern
sind weiß.

Trauerbach-stelze   Bachstelze   Männchen   Weibchen   Männchen

Weibchen

Eisvogel. 16,5 cm.
Gedrungener Vogel mit
sehr kurzem Schwanz,
blauer Ober- und rost-
brauner Unterseite.

Die **Trauerbachstelze**
(18 cm) lebt in Groß-
britannien, die **Bach-
stelze** (18 cm) in
Kontinentaleuropa.

Feldlerche. 18 cm.
Weiße äußere
Schwanzfedern
und Schopf.

Goldammer.
16,5 cm.
Das Männchen
hat einen gelben
Kopf.

Hänfling. 13,5 cm.
Beim Männchen
sind Stirn und
Brust rot gefärbt.

Vögel bestimmen

Amselgroße Vögel

• TRACK 1 •
IM GARTEN
Kuckuck
Weitere Infos auf CD.

Altvogel   Weibchen   Männchen

Jungtier

Star. 21,5 cm.
Sein schwarzes Gefieder
schillert metallisch. Der
Star läuft aufrecht auf
dem Boden und findet
sich oft zu großen
Schwärmen zusammen.

Amsel. 25 cm.
Das Männchen ist schwarz
und hat einen orange-
farbenen Schnabel.
Weibchen und Junge
sind braun mit braunem
Schnabel. Amseln hüpfen
auf dem Boden.

Singdrossel. 23 cm.
Männchen und Weibchen
haben einen braunen
Rücken und eine gefleck-
te, helle Brust. Sie suchen
nach Schnecken, Wür-
mern und Beeren.

Misteldrossel. 29 cm.
Ihre Oberseite ist grau-
braun gefärbt. Auf ihrer
Unterseite finden sich
kräftige schwarze Flecken,
die Flügelunterseite ist
weiß.

Altvogel

Jungtier

Altvogel

Jungtier

Männchen   Weibchen

Buntspecht. 23 cm. Er
trägt große, weiße
Flügelflecken. Ein schwar-
zes Band zieht sich vom
Schnabel bis zum Nacken.
Roter Nackenfleck.

Grünspecht.
35 cm. Er hat einen
leuchtend roten Scheitel
und einen gelbgrünen
Bürzel. Grünspechte
suchen oft am Boden
nach Ameisen.

Kuckuck. 34 cm.
Er hat einen langen
Schwanz. Seine
Unterseite ist weißlich,
aber grau gebändert. Der
Kuckuck legt seine Eier in
die Nester anderer Vögel.

Turmfalke. 34 cm.
Er ist die häufigste
Falkenart. Sein Schwanz
ist lang, die Flügel spitz.
Bevor er auf seine Beute
herabstößt, „rüttelt" er in
der Luft.

Krähengroße Vögel

Türkentaube. 32 cm.
Sie trägt am Halsansatz
einen schmalen schwar-
zen Nackenring.

Ringeltaube. 41 cm.
Beiderseits des Halsan-
satzes sitzt bei Altvögeln
ein weißer Fleck.

Mäusebussard. 51–56 cm.
Flügel und Schwanz sind
breit. Das dunkelbraune
Gefieder ist gelblich
gefleckt.

Schleiereule. 34 cm.
Auffälliges weißes Gesicht,
weiße bis rostgelbe Unterseite. Nacht- und dämme-
rungsaktiv.

Sommer

Winter

Lachmöwe. 35–38 cm.
Das Brutkleid kennzeichnet ein
schwarzer Kopf. Im Winter ist der
Kopf weiß; ein schwarzer Fleck
liegt hinter dem Auge.

Silbermöwe. 56–66 cm.
Sie kommt sehr häufig an der
Meeresküste vor und hat graue
Flügel und schwarz-weiße Flügel-
spitzen. Den gelben Schnabel
schmückt ein roter Fleck.

Kiebitz. 30 cm.
Kennzeichnend sind die breiten
runden Flügel und ein langer
Nackenschopf; oft scheint er in
seinem Flug mit langsamen
Flügelbewegungen zu taumeln.

Vögel bestimmen

Krähengroße Vögel

Rabenkrähe   Nebelkrähe

Dohle. 33 cm.
Sie hat einen grauen Kopf
und ist kleiner als die
schwarzen Krähen.

Elster. 46 cm.
Ein großer Vogel mit lan-
gem gestuftem Schwanz
und schwarz-weißem
Gefieder.

Rücken und Unterseite
der **Nebelkrähe** (47 cm)
sind grau. Sie lebt weiter
nördlich als die schwarze
Rabenkrähe (47 cm).

Saatkrähe. 46 cm.
Ihr Schnabel ist relativ
schmal und spitz, das
Gesicht ist weiß. Die
Unterschenkel tragen
struppige „Federhöschen".

Männchen

Weibchen

Großer Brachvogel. 51–58 cm.
Typische Merkmale dieses großen
braunen Watvogels sind der
lange, gekrümmte Schnabel und
die langen Beine.

Fasan.
Hahn 66–89 cm. Henne 55–63 cm.
Das Männchen ist bunt gefärbt
und trägt einen roten Hautlappen
am Auge. Der Schwanz der bräun-
lichen Henne ist kürzer.

Entengroße Vögel

Brutgefieder
(Frühling und Sommer)

Gefieder außerhalb der
Brutzeit (Winter)

Bläßhuhn. 38 cm.
Es hat einen weißen Schnabel und
ein weißes Stirnschild. Das Blässhuhn liebt offene Wasserflächen.

Teichhuhn. 33 cm.
Ein roter Schnabel, weiße Seiten-
streifen und eine weiße Schwanz-
unterseite kennzeichnen das Teichhuhn.

Haubentaucher. 48 cm.
Den größten Lappentaucher
Europas schmückt im Sommer ein
bräunlicher Halskragen. Im Winter
trägt er einen schwarzen Scheitel.

Weibchen

Männchen

Weibchen

Männchen

Reiherente. 43 cm.
Sie gehört zu den häufigeren Tauchenten. Den violett schimmernden Kopf des Männchens schmückt
ein langer Federschopf. Der Federschopf des
bräunlich gefärbten Weibchens ist deutlich kürzer.
Bei Männchen und Weibchen sind die Augen auffallend gelb.

Stockente. 58 cm.
Der Kopf des Männchens ist grün gefärbt und setzt
sich mit einem weißen Kragen von der braunen
Brust ab. Das Weibchen ist unauffällig braun. Beide
Geschlechter tragen einen weiß gesäumten blauen
Flügelspiegel, den man im Flug besonders gut
sehen kann.

Vögel bestimmen

Große Wasservögel

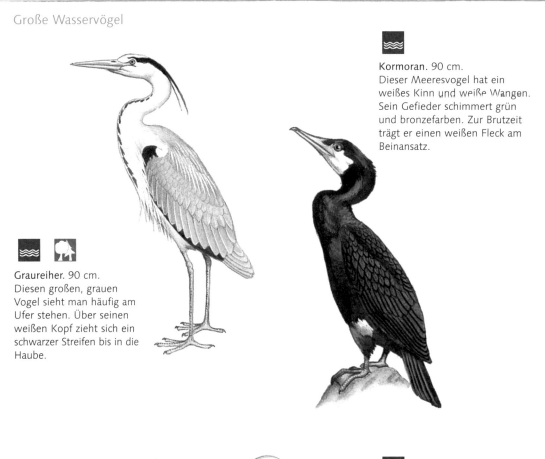

Kormoran. 90 cm.
Dieser Meeresvogel hat ein
weißes Kinn und weiße Wangen.
Sein Gefieder schimmert grün
und bronzefarben. Zur Brutzeit
trägt er einen weißen Fleck am
Beinansatz.

Graureiher. 90 cm.
Diesen großen, grauen
Vogel sieht man häufig am
Ufer stehen. Über seinen
weißen Kopf zieht sich ein
schwarzer Streifen bis in die
Haube.

Singschwan

Weibchen

junger
Höckerschwan

Zwergschwan

Männchen

Zwerg- und Singschwan.
122 cm und 152 cm.
Beide Schwäne schwimmen mit
gestrecktem Hals und sind an der
Schnabelwurzel gelb gefärbt. Das
Gelb des Zwergschwans ist jedoch
weniger weit ausgedehnt. Sie sind
Wintergäste.

Höckerschwan. 152 cm.
Auf dem orangefarbenen Schnabel
des weißen Vogels sitzt ein schwarzer Höcker. Der Höckerschwan
schwimmt mit gebogenem Hals.

INSEKTEN

Mit mehr als einer Million Arten bilden Insekten die größte Klasse des gesamten Tierreichs. Hier erfährst du alles über die wichtigsten europäischen Vertreter der Insekten und wie sie sich für das Leben in der Luft, in der Erde und im Wasser spezialisiert haben. Und du lernst, wie sich Insekten während ihrer wundersamen Verwandlung vom Ei bis zum erwachsenen Krabbel- oder Faltertierchen entwickeln.

Merkmale von Insekten

KÖRPERBAU

Ein Insektenkörper besteht aus drei großen Abschnitten. Das sind: **Kopf**, **Brust** und **Hinterleib**.

Insekten haben keine Knochen als Stützsystem, aber eine feste **Außenschicht**, die sie wie ein Panzer schützt.

Mit ihren beiden **Fühlern** am Kopf nehmen sie Gerüche wahr oder tasten den Boden ab.

Die meisten Insekten haben zwei **Facettenaugen**, die aus zahlreichen winzigen Einzelaugen bestehen.

Meist sitzen ein oder zwei **Flügelpaare** am Brustabschnitt. Hier befinden sich auch drei gegliederte **Beinpaare**. Damit können Insekten auf Graben, Schwimmen, Laufen oder Springen spezialisiert sein.

Im Hinterleib befinden sich Geschlechtsorgane, Blutsystem und ein Großteil des Verdauungssystems.

Neben Vögeln und Fledermäusen sind Insekten die einzigen flugfähigen Lebewesen.

Fast überall kannst du Insekten finden: im Wasser, im Boden, an Land und in der Luft. Als Meister der Anpassung haben sie sich an die unterschiedlichen Lebensbedingungen gewöhnt. Täglich entdecken Biologen eine neue Art oder sie finden Neues über eine Insektenart heraus.

Die Wespenkönigin
(2 cm lang)

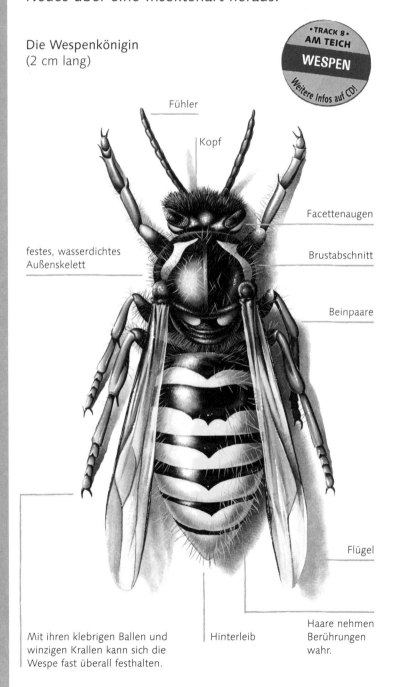

• TRACK 8 •
AM TEICH
WESPEN
Weitere Infos auf CD!

Fühler

Kopf

Facettenaugen

Brustabschnitt

festes, wasserdichtes Außenskelett

Beinpaare

Flügel

Mit ihren klebrigen Ballen und winzigen Krallen kann sich die Wespe fast überall festhalten.

Hinterleib

Haare nehmen Berührungen wahr.

1 Schwebfliege

2 Blutzikade

3 Rote Knotenameise

4 Kamelhalsfliege

Unterschiede

Bei der ersten Bestimmung teilen Forscher Insekten in vier Gruppen ein: Zweiflügler **1**, Insekten mit harten Flügeldecken **2**, Insekten ohne Flügel **3** und Insekten mit zwei Paar Flügeln **4**. Dazu stellen sie folgende Fragen: Hat das Insekt Flügel? Wie viele Flügelpaare sitzen an der Brust? Sind die Flügel gleich gebaut oder unterscheiden sie sich deutlich in Größe, Festigkeit und Farbe? Besitzt das Insekt harte Flügeldecken? Hat das Insekt Fühler? Wie lang sind sie? Trägt es Körperhaare? Wenn ja, welche? Betrachtest du eine Insektenlarve, frage dich: Hat sie Beine und wie viele? Aber Achtung: Auch bei Insekten sehen die Männchen manchmal ganz anders aus als die Weibchen. Viele Insekten verändern ihr Äußeres, wenn sie erwachsen werden. Vertreter der vier Hauptgruppen findest du auf den Seiten 36 und 37.

Insekt oder nicht?

Eine Ameise ist etwas ganz anderes als eine Spinne, genauso wie eine Raupe nichts mit einer Schnecke zu tun hat, denn **Insekten haben immer drei Körperabschnitte und sechs Beine.** Spinnen haben acht Beine und gehören zu den Spinnentieren. Der Körper von Hundert- oder Tausendfüßern besteht aus zahlreichen einzelnen Körpergliedern. Auch sie bilden eine ganz eigene Tierklasse. Nacktschnecken gehören zu den Schnecken und Asseln zu den Krebstieren.

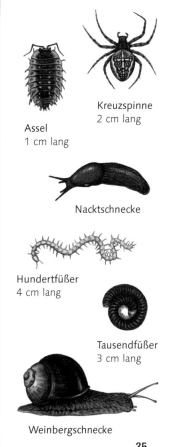

Assel
1 cm lang

Kreuzspinne
2 cm lang

Nacktschnecke

Hundertfüßer
4 cm lang

Tausendfüßer
3 cm lang

Weinbergschnecke

Insektengruppen

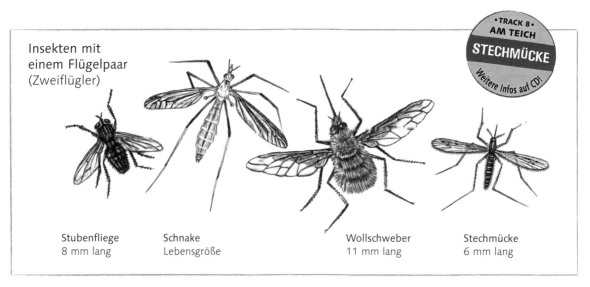

Insekten mit
einem Flügelpaar
(Zweiflügler)

Stubenfliege	Schnake	Wollschweber	Stechmücke
8 mm lang	Lebensgröße	11 mm lang	6 mm lang

Insekten mit harten Flügeldecken

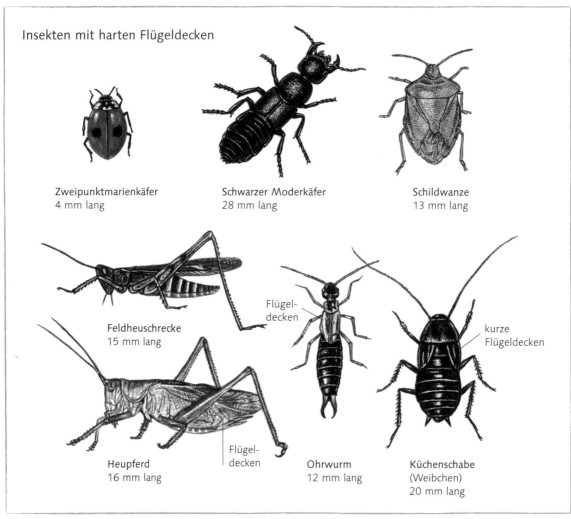

Zweipunktmarienkäfer
4 mm lang

Schwarzer Moderkäfer
28 mm lang

Schildwanze
13 mm lang

Feldheuschrecke
15 mm lang

Flügel-
decken

kurze
Flügeldecken

Flügel-
decken

Heupferd
16 mm lang

Ohrwurm
12 mm lang

Küchenschabe
(Weibchen)
20 mm lang

Insekten ohne Flügel

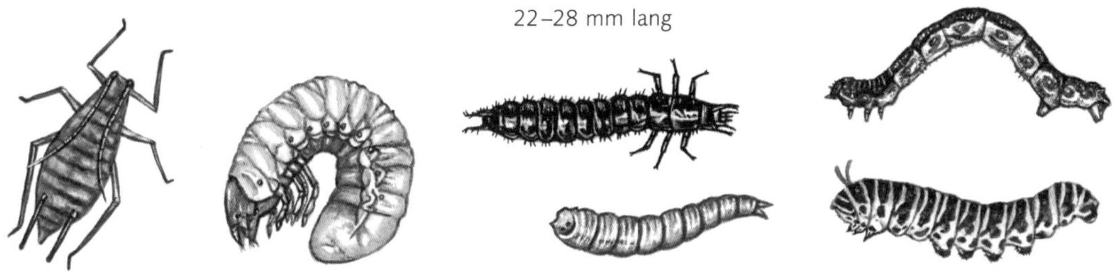

Larve eines Schwarzkäfers
22–28 mm lang

Spannerraupe eines
Schmetterlings

Blattlaus
2,5 mm lang

Larve eines Feldmaikäfers
50 mm lang

Larve einer Stubenfliege
(Made)
4 mm lang

Raupe eines
Schwalbenschwanzes

Insekten mit zwei Paar Flügeln

Blattwespe
Flügelspannweite 23 mm

Postillon
Lebensgröße

Fünffleckwidderchen
Lebensgröße

Köcherfliege
Flügelspannweite
22 mm

Wespe
20 mm lang

Hummel
20 mm lang

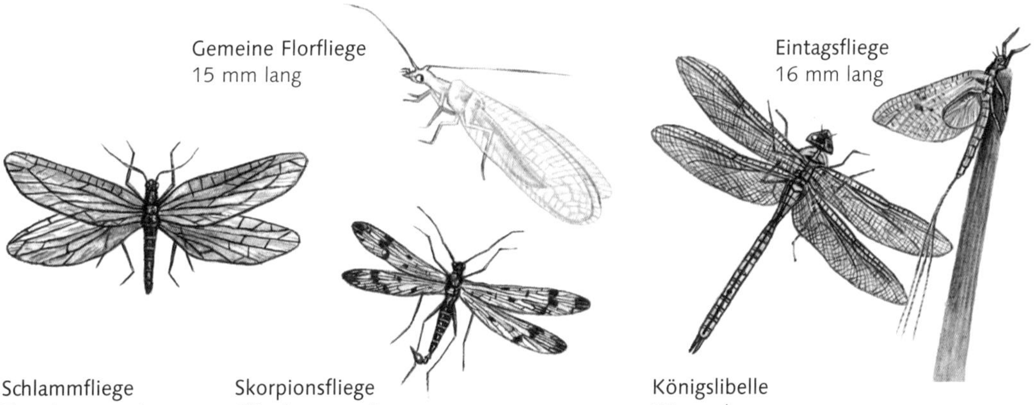

Gemeine Florfliege
15 mm lang

Eintagsfliege
16 mm lang

Schlammfliege
Flügelspannweite
28 mm

Skorpionsfliege
Flügelspannweite
30 mm

Königslibelle
72 mm lang

Entwicklung, Wachstum, Verwandlung

Eiablage

Nach der Paarung legen die Weibchen ihre Eier entweder ins Wasser, auf die Erde, in den Erdboden oder sie kleben sie an Pflanzen. Die Eier werden da abgelegt, wo der geschlüpfte Nachwuchs sofort Nahrung findet. So legt die **Schmeißfliege** ihre Eier auf toten Tieren oder Fleisch ab. Die ausschlüpfenden Larven können sich von dem Fleisch ernähren. Die Eier der **Florfliegen** sitzen auf dünnen, gummiartigen Stielchen, damit sie vor räuberischen Ameisen geschützt sind. Die meisten Insekten kümmern sich nach der Eiablage nicht mehr um ihr Eier.

Eier der **Florfliege** auf Stielchen

Eier des
Großen Kohlweißlings

Schmeißfliege
auf Fleisch

Die Weibchen der meisten Insekten legen Eier, aus denen Larven schlüpfen. Diese Jungtiere durchlaufen mehrere Wachstumsstadien, ehe sie sich in ein erwachsenes Vollinsekt verwandeln. Manche Jungtiere verändern ihr Aussehen dabei vollständig. Andere werden einfach nur größer.

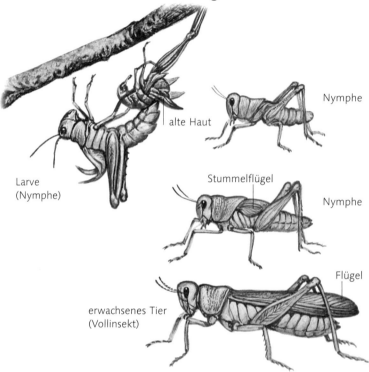

alte Haut

Nymphe

Larve
(Nymphe)

Stummelflügel

Nymphe

erwachsenes Tier
(Vollinsekt)

Flügel

Wachstum der Heuschrecke

Heuschrecken durchlaufen eine unvollkommene Verwandlung. Das heißt, wenn ihre Larven aus dem Ei schlüpfen, sehen sie erwachsenen Heuschrecken schon ähnlich. Es fehlen nur noch die Flügel. Die Larven, auch Nymphen genannt, wachsen heran. Da ihre Haut aber nicht mitwächst, müssen sie darunter eine neue Haut ausbilden. Die alte Haut reißt schließlich auf und die Larve schält sich heraus. Bei jeder Häutung wird die Nymphe etwas größer. Ihre Flügel entwickeln sich aus kurzen Stummeln. Richtige Flügel bekommen sie erst nach der letzten Häutung.

Schmetterlinge

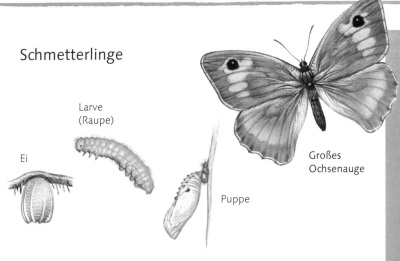

Ei

Larve
(Raupe)

Puppe

Großes
Ochsenauge

Verwandlung des Hirschkäfers

Nach der Paarung ❶ legt das Hirschkäferweibchen seine Eier in morsche Bäume. Darin leben die jungen Larven ❷ drei Jahre lang und fressen Gänge in das weiche Holz. Dann hört die Larve zu fressen auf und gräbt sich eine Puppenhöhle. Die Puppe ❸ liegt auf dem Rücken, so bleiben die wachsenden, noch weichen Beine geschützt ❹. Schließlich schält sich ein erwachsener Käfer aus der Puppe. Die Männchen ❺ tragen lange Kiefer, mit denen sie ihre Rivalen bekämpfen und die Weibchen beeindrucken.

VOLLKOMMENE VERWANDLUNG

Bei der vollkommenen Verwandlung sehen die Larven dem Vollinsekt überhaupt nicht ähnlich. Zwar müssen sich auch die Larven von Käfern, Fliegen, Mücken, Ameisen oder Bienen und die Raupen während ihres Wachstums mehrmals häuten, aber wenn die Larve eine bestimmte Größe erreicht hat, verwandelt sich in eine Puppe. Puppen fressen nicht und bleiben meist unbeweglich liegen oder hängen.
Ist diese Entwicklung abgeschlossen ist, reißt das geschlechtsreife Insekt die Puppenhülle auf und schlüpft heraus.

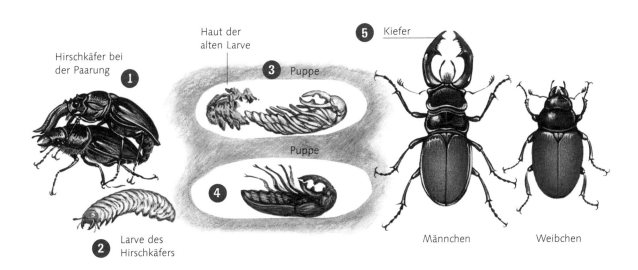

Haut der
alten Larve

❺ Kiefer

Hirschkäfer bei
der Paarung

❶

❸ Puppe

Puppe

❹

Larve des
Hirschkäfers

❷

Männchen

Weibchen

Die Sinne der Insekten

Falsche Fährten legen

Ameisen markieren den Weg zu einer Futterquelle. Dazu drücken sie ihren Leib an den Boden und hinterlassen ihren typischen Geruchsstoff. Das kannst du beobachten.

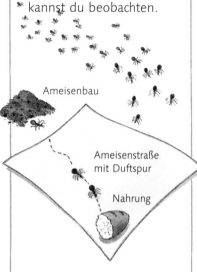

Ameisenbau

Ameisenstraße mit Duftspur

Nahrung

Lege ein Stück Papier in die Nähe eines Ameisenbaus und gib etwas Futter darauf. Warte, bis einige Ameisen das Futter gefunden haben. Nun legst du das Futterstück an eine andere Stelle des Papiers.

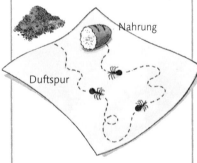

Nahrung

Duftspur

Was passiert? Krabbeln die Ameisen sofort zum Futter? Oder laufen sie zunächst an die alte Stelle?

Insekten nehmen ihre Umwelt mit anderen Organen wahr als wir Menschen. Als Riechorgane dienen ihre Fühler, mit denen sie tasten und schmecken können. Manche Insekten schmecken sogar mit den Füßen. Auch die Körperhaare funktionieren wie Tastorgane.

Sinnesorgane der Schmeißfliege

Facettenauge
Die Facettenaugen bestehen aus vielen Einzelaugen. Manche Insekten können gleichzeitig nach vorn, nach hinten und nach unten sehen.

einfache Augen

Fühler
Die Fühler nehmen Wärme und Feuchtigkeit wahr und dienen zum Tasten und Riechen.

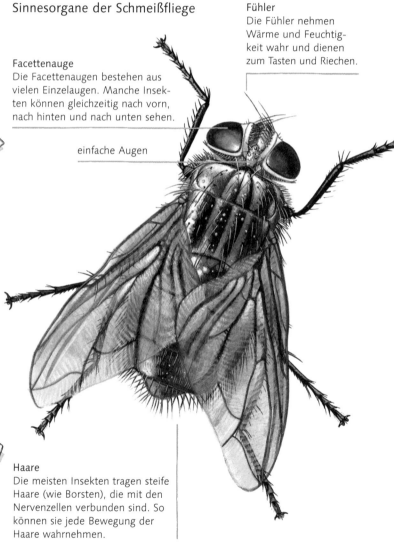

Haare
Die meisten Insekten tragen steife Haare (wie Borsten), die mit den Nervenzellen verbunden sind. So können sie jede Bewegung der Haare wahrnehmen.

Einige Insekten, wie Bienen oder Schmeißfliegen, tragen Geschmacksorgane an den Füßen. Wenn sie auf etwas Süßem landen, erkennen sie das sofort und beginnen zu fressen.

Fühler und Antennen

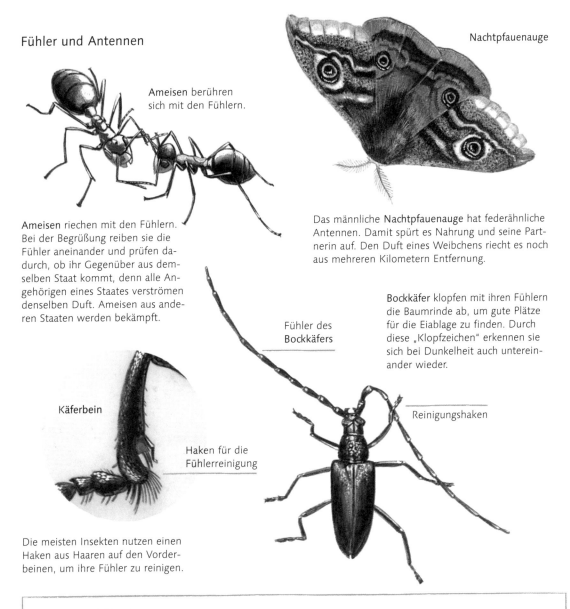

Ameisen berühren sich mit den Fühlern.

Ameisen riechen mit den Fühlern. Bei der Begrüßung reiben sie die Fühler aneinander und prüfen dadurch, ob ihr Gegenüber aus demselben Staat kommt, denn alle Angehörigen eines Staates verströmen denselben Duft. Ameisen aus anderen Staaten werden bekämpft.

Nachtpfauenauge

Das männliche Nachtpfauenauge hat federähnliche Antennen. Damit spürt es Nahrung und seine Partnerin auf. Den Duft eines Weibchens riecht es noch aus mehreren Kilometern Entfernung.

Bockkäfer klopfen mit ihren Fühlern die Baumrinde ab, um gute Plätze für die Eiablage zu finden. Durch diese „Klopfzeichen" erkennen sie sich bei Dunkelheit auch untereinander wieder.

Fühler des Bockkäfers

Reinigungshaken

Käferbein

Haken für die Fühlerreinigung

Die meisten Insekten nutzen einen Haken aus Haaren auf den Vorderbeinen, um ihre Fühler zu reinigen.

Haare und Cerci

Grillen und Küchenschaben tragen eine Art Fühler am Ende ihres Hinterleibs. Diese Antennen heißen Cerci. Sie sind sehr empfindlich. Die steifen Haare mancher Raupen reagieren sogar auf Schallwellen. Wenn du in der Nähe einer solchen Raupe in die Hände klatschst, rollt sie sich zusammen.

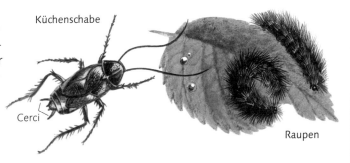

Küchenschabe

Cerci

Raupen

Fortbewegungsarten der Insekten

Raupen

Raupen haben vorn drei Paar echte und bis zu fünf Paar „falsche" Beine. Mit Ausnahme der Spannerraupen bewegen sich alle Raupen, indem sie die falschen Beinpaare nach vorn setzen.

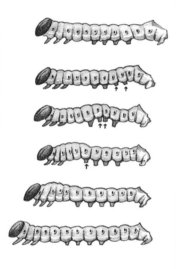

Eine **Spannerraupe** dagegen schiebt zunächst ihre Hinterbeine nach vorn, bis sich ihr Körper aufkrümmt. Dann streckt sie sich und schiebt die Vorderbeine weiter vor.

Vorderbeine   Hinterbeine

Am Boden lebende Insekten laufen mit langen, dünnen Beinen. Grabende Insekten haben kurze, kräftig gebaute Vorderbeine. Schwimmende und springende Insekten besitzen oft spezielle Hinterbeine. Auch das Fliegen hat jedes Flattertier auf seine eigene Art und Weise optimiert.

Die starken, langen Hinterbeine der **Heuschrecke** mit ihren mächtigen Oberschenkeln sind kraftvolle Sprungwerkzeuge. Wenn die Heuschrecke ihre Beine streckt, schleudert sie sich in die Höhe.

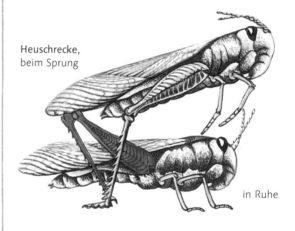

Heuschrecke, beim Sprung

in Ruhe

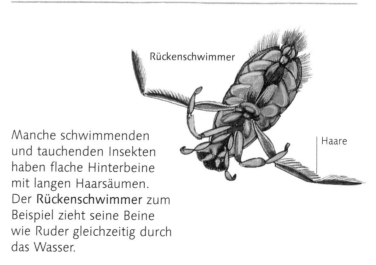

Rückenschwimmer

Haare

Manche schwimmenden und tauchenden Insekten haben flache Hinterbeine mit langen Haarsäumen. Der **Rückenschwimmer** zum Beispiel zieht seine Beine wie Ruder gleichzeitig durch das Wasser.

Bewegungskünstler

Wasserläufer

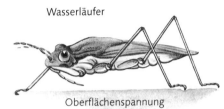

Oberflächenspannung

Wie kann ein **Wasserläufer** überhaupt auf dem Wasser laufen, ohne unterzugehen? Normalerweise sinken Gegenstände ab einer bestimmten Schwere ein. Wasserläufer dagegen verteilen ihr geringes Gewicht über die sehr weit ausgebreiteten Beine auf einer großen Wasserfläche: Das Wasser trägt sie.

Hat eine **Stubenfliege** Klebstoff an den Füßen, weil sie nicht von der Decke herunterfällt? So ähnlich ist es: Auf den Füßen der Stubenfliege sitzen klebrige, haarige Polster. Da eine Fliege sehr leicht ist, reicht der Griff der Füße aus, um sie auf fast jeder Oberfläche festzuhalten.

Stubenfliege

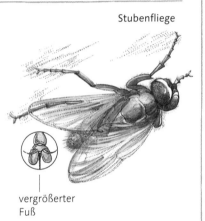

vergrößerter Fuß

Schnellkäfer

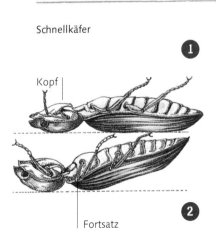

Kopf

Fortsatz

Die meisten Käfer sind hilflos, wenn sie auf dem Rücken liegen. Doch der **Schnellkäfer** hat daraus eine Fortbewegungsmethode entwickelt: Fällt er auf den Rücken, krümmt er seinen Körper so lange, bis Kopf und Schwanz den Boden berühren ❶. Ein Fortsatz auf der Brust hält das Tier unter Spannung ❷. Wird der Fortsatz plötzlich gelockert, schlagen die Flügeldecken auf den Boden und der Käfer schnellt in die Luft.

Hindernislauf

Finde heraus, wie Insekten mit einem Hindernis umgehen. Was machen sie an einer Pfütze? Lege ihnen Zweige, Steine oder etwas Papier in den Weg und schreibe auf, wie sie sich verhalten.

Prüfe, ob Insekten auf unterschiedlichen Oberflächen gleich schnell laufen. Vergleiche ihre Geschwindigkeit auf Erde, Gras und Holz.

Schwärze die innere Seite eines Tellers mit dem Ruß einer brennenden Kerze. **Vorsicht:** Wenn du den Teller zu lange über die Flamme hältst, kann er zerspringen. Sobald der Teller abgekühlt ist, stellst du ihn auf den Boden und lässt Insekten darüberlaufen. Untersuche nun die Spuren mit der Lupe.

Lass eingefangene Insekten wieder dort frei, wo du sie eingesammelt hast!

Vielfraße

Die meisten Insekten ernähren sich entweder von Pflanzen, Fleisch oder toten Tieren. Je nach Lebensabschnitt kann sich die Nahrung eines Insekts auch ändern. Manche Arten, die als Larven Fleisch bevorzugen, fressen als erwachsenes Tier nur Pflanzenteile oder umgekehrt.

Blattfresser

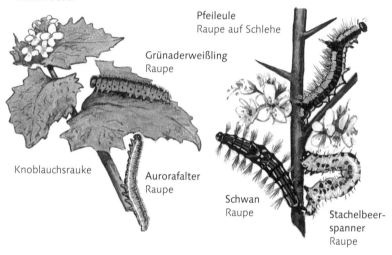

Pfeileule
Raupe auf Schlehe

Grünaderweißling
Raupe

Knoblauchsrauke

Aurorafalter
Raupe

Schwan
Raupe

Stachelbeerspanner
Raupe

Fast alle **Schmetterlingsraupen** ernähren sich pflanzlich. An den Blättern kannst du die Fraßspuren am deutlichsten erkennen. Die meisten Arten bevorzugen eine ganz bestimmte Futterpflanze.

Minierer und Samenfresser

Manche Raupen fressen Höhlen in die Blätter.

Andere Raupen fressen sich Gänge durch die Blätter.

Haselnussbohrer

Larve im Inneren der Nuss

Die Raupen mancher Insekten sind so klein, dass sie zwischen die Oberflächen eines Blattes passen und das Gewebe fressen können.

Weibliche **Haselnussbohrer** fressen einen Gang in junge, noch weiche Haselnüsse, um ein Ei abzulegen. Ihre Larve frisst sich durch das Innere der Nuss. Wenn die Nuss vom Baum fällt, bohrt sich die Larve ins Freie und verpuppt sich im Boden.

Fleischfressende Räuber

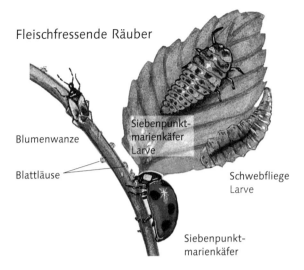

Blumenwanze

Siebenpunkt-
marienkäfer
Larve

Blattläuse

Schwebfliege
Larve

Siebenpunkt-
marienkäfer

Diese Insekten machen Jagd auf Blattläuse und gelten deshalb als nützliche Tiere.

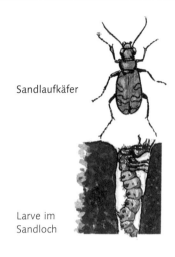

Sandlaufkäfer

Larve im
Sandloch

Sandlaufkäfer rennen sehr schnell und packen ihre Beute. Die Larven graben einen Gang in den Sand und warten in diesem Versteck, bis sich eine Beute nähert.

Sandwespe

Manche Wespen lähmen Raupen durch einen Stich, schleppen sie dann in ihr Nest und legen Eier auf ihnen ab. Die Larven leben später von diesem Fleischvorrat.

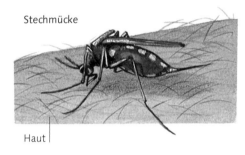

Stechmücke

Haut

Stechmücken fliegen meist nachts. Nur die Weibchen saugen Blut. Die Männchen trinken Blütennektar.

Aasfresser und Kotfresser

Mistkäfer

Kotballen

Eier

Mistkäfer graben Gänge und Kammern in Kuhfladen, in die das Weibchen die Eier legt. Die Jungen ernähren sich von den bereitge-stellten Kotballen.

Aaskäfer

Aaskäfer graben ein Loch in die Erde, in das sie tote Tiere ziehen. Ganz in der Nähe dieser „Vorratskammer" legen sie ihre Eier ab.

Ameisen und Bienen

In einem Insektenstaat gibt es nur ein Tier, das Eier legen kann: die Königin. Zu bestimmten Zeiten im Jahr treten die männlichen Insekten – bei den Bienen sind das die Drohnen – in Aktion. Diese männlichen Tiere paaren sich mit einer zukünftigen Königin, werden danach aber vertrieben oder sterben.
Die dritte Gruppe besteht aus Weibchen, die keine Eier legen können. Sie erledigen als Arbeiterinnen alle Aufgaben, die im Staat anfallen: Sie kümmern sich um das Nest, sammeln Futter, versorgen Eier und Larven oder bewachen das Nest.

• TRACK 5 •
NACHBARS GARTEN
AMEISEN
Weitere Infos auf CD!

Ameisen und Bienen gehören zu den Staaten bildenden Insekten. Diese Tiere leben zu vielen Tausenden in einem gemeinsamen Nest. Sie teilen sich Nahrung und Arbeit.

Das Ameisennest

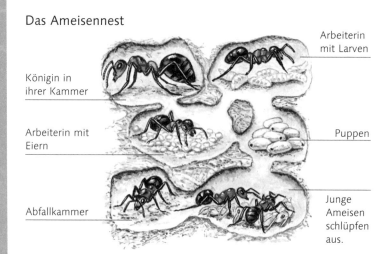

Königin in ihrer Kammer

Arbeiterin mit Eiern

Abfallkammer

Arbeiterin mit Larven

Puppen

Junge Ameisen schlüpfen aus.

Ein **Ameisennest** besteht aus Gängen und Kammern, in denen Futter gelagert oder Abfall entsorgt wird. Die Königin, die Eier, Larven und Puppen werden in Extrakammern betreut. Zuständig für den Nestbau und die Instandhaltung ist ein Teil der Arbeiterinnen. Sie bilden in einer Drüse im Kiefer eine Art Klebstoff, der das Nest zusammenhält. Nachts und bei Regen oder Kälte wird der Eingang verschlossen.

Wie Ameisen geboren werden

Die Königin hat einen Flügel abgeworfen

Die Königin legt Eier

Die Königin leckt die Larven ab

Arbeiterinnen tragen die Larven

Zu ihrem Hochzeitsflug verlassen geflügelte Männchen und Weibchen das Nest. Die Männchen sterben nach der Paarung.

Jede Königin gründet einen neuen Ameisenstaat. Zuerst reibt oder beißt sie ihre Flügel ab, dann sucht sie nach einer Erdspalte zur Eiablage.

Die Königin füttert die Larven mit ihrem Speichel. Aus ihnen entwickeln sich die ersten Arbeiterinnen zur Pflege der weiteren Larven.

Die Königin legt jetzt nur noch Eier. Arbeiterinnen kümmern sich um die Larven, schneiden die Puppenhüllen auf und befreien neue Ameisen.

Honigbienen

Drohne

Arbeiterin

Königin

Der Bienenstock

Dieser Blick in das Innere eines Bienenstocks zeigt dir die Waben mit ihren sechseckigen Zellen aus Wachs. In den Zellen wachsen Drohnen und Arbeiterinnen heran und hier wird Honig gelagert. Larven, aus denen sich Königinnen entwickeln, werden in speziellen Zellen gepflegt und mit nahrhaftem Gelée royale gefüttert.

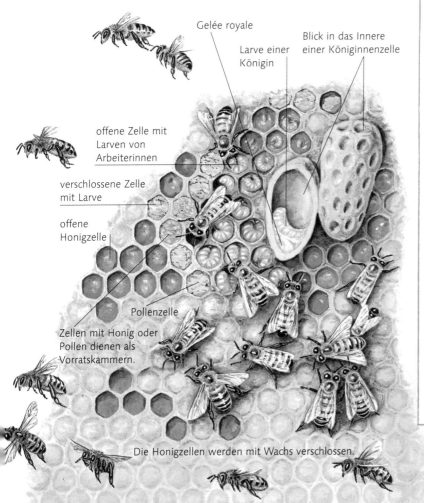

Gelée royale

Larve einer Königin

Blick in das Innere einer Königinnenzelle

offene Zelle mit Larven von Arbeiterinnen

verschlossene Zelle mit Larve

offene Honigzelle

Pollenzelle

Zellen mit Honig oder Pollen dienen als Vorratskammern.

Die Honigzellen werden mit Wachs verschlossen.

Wie Bienen heranwachsen

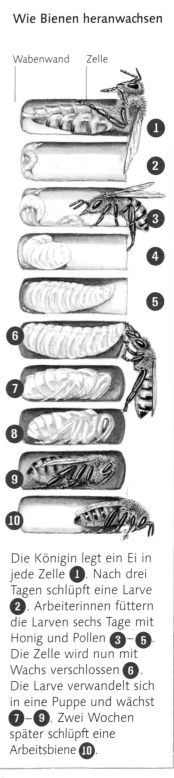

Wabenwand   Zelle

Die Königin legt ein Ei in jede Zelle ❶. Nach drei Tagen schlüpft eine Larve ❷. Arbeiterinnen füttern die Larven sechs Tage mit Honig und Pollen ❸–❺. Die Zelle wird nun mit Wachs verschlossen ❻. Die Larve verwandelt sich in eine Puppe und wächst ❼–❾. Zwei Wochen später schlüpft eine Arbeitsbiene ❿.

TRACK 4
NACHBARS GARTEN
BIENEN
Weitere Infos auf CD.

Schmetterlinge

Schmetterlinge unterteilt man in Tag- und Nachtfalter. Alle heimischen Schmetterlingsarten ernähren sich von süßem Blütennektar. Deshalb findest du sie im Frühling und Sommer auf Blumenwiesen und in vielen Gärten.

Ein Schmetterling entsteht

Tag- und Nachtfalter unterscheidest du an der Form ihrer Fühler oder Antennen und an der Art, wie sie die Flügel zusammenlegen. Die schmalen Fühler der Tagfalter haben am Ende eine Verdickung. Nachtfalter besitzen gefiederte, gezähnte oder mit Borsten versehene Antennen.

Nachtfalter

Ruhende Tagfalter schlagen ihre Flügel senkrecht über dem Körper zusammen. Nachtfalter schließen sie so, dass die Vorderflügel über den Hinterflügeln liegen.

Männchen

Weibchen

Großer Kohlweißling

Bevor sich Tagfalter paaren, umwirbt der männliche Falter das Weibchen häufig mit einem Balzflug. Bei den Nachtfaltern lassen sich die Weibchen auf Pflanzen nieder und locken Männchen mit einem speziellen Duft an.

Nach der Paarung legt das Weibchen einzelne Eier oder ganze Eierpakete auf Blättern ab. Nach zwei Wochen schlüpfen gefräßige Raupen. Sie häuten sich mehrmals und vertilgen große Mengen an Blättern.

Ei (vergrößert)

Eier des Großen Kohlweißlings

Raupe des Großen Kohlweißlings

Puppe des Großen Kohlweißlings

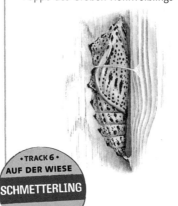

Nach der letzten Häutung frisst die Raupe nicht mehr und verwandelt sich in eine Puppe. Sie heftet sich an Zäune oder Pflanzen. In der Puppenhülle vollzieht sich die Umwandlung zum Schmetterling, der nach rund zwei Wochen schlüpft und seine Flügel entfaltet.

• TRACK 6 •
AUF DER WIESE
SCHMETTERLING
Weitere Infos auf CD!

Tarnen und warnen

Die Flügel des **C-Falters** gleichen einem trockenen Blatt.

Die Raupe des **Pappelschwärmers** ähnelt dem Blatt.

Die Raupe des **Braunen Bären** schreckt Vögel durch ihre Haare ab.

Dieses **Große Ochsenauge** wurde von einem Vogel angepickt.

Raupen und Schmetterlinge schützen sich durch Tarnung davor, erkannt und gefressen zu werden. Andere schrecken ihre Feinde durch leuchtende Muster ab. Sie tragen augenartige Flecken, um riesig auszusehen.

Der Schmetterlingsgarten

Blumen locken Schmetterlinge mit ihren Farben oder Düften an. Nachtfalter sind bei Dunkelheit unterwegs und suchen nach hellen, in der Nacht duftenden Blüten.

Kleiner Feuerfalter auf Aster

Kleiner Kohlweißling

Kleiner Fuchs auf Schmetterlingsstrauch

Admiral

Grünaderweißling auf Goldlack

Zitronenfalter auf Blaukissen

Tagpfauenauge auf Fetthenne

•TRACK 6•
AUF DER WIESE
TAGPFAUEN-AUGE
Weitere Infos auf CD!

49

Insekten in Bäumen

Spezialisten

Die meisten Insekten spezialisieren sich zum Fressen auf einen bestimmten Pflanzenteil, zum Beispiel die Wurzeln, die Rinde, die Früchte oder das Laub. Viele suchen ganz gezielt Früchte zur Eiablage.

Eichelbohrer

Die Weibchen dieser Rüsselkäfer bohren mit ihren langen Mundwerkzeugen einen Gang in die Eichel und legen dort ein Ei ab. Wenn die Larve schlüpft, frisst sie sich durch die Eichel.

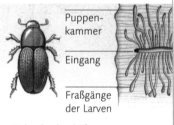

Puppenkammer

Eingang

Fraßgänge der Larven

Eichenborkenkäfer

Weibliche **Borkenkäfer** bohren zur Eiablage einen Gang in die Borke des Baums. Sind die Larven geschlüpft, erweitern sie den Fraßgang zu einer Puppenkammer, die sie erst als ausgewachsenes Insekt verlassen.

In und auf Bäumen und darum herum leben Tausende Insektenarten. Gräbst du einige Meter von einem Baum entfernt ein Loch in die Erde, wirst du staunen, wie viele Insekten und Larven du finden kannst.

Achte auf Vögel, die auf Bäumen nach Insekten suchen.

· TRACK 3 ·
IM WALD
BLATTLAUS
Weitere Infos auf CD!

Raupen von Nachtfaltern

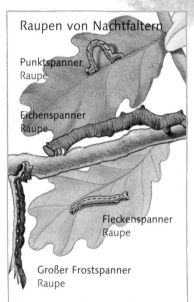

Punktspanner Raupe

Eichenspanner Raupe

Fleckenspanner Raupe

Großer Frostspanner Raupe

Die Raupen dieser Nachtfalter fressen Eichenblätter. Sie tarnen sich perfekt. Der Eichenspanner sieht aus wie ein kleiner Zweig.

Blattläuse

Blattlaus stark vergrößert

Aus Blättern mit gelben Flecken haben meist Blattläuse den Saft ausgesaugt.

In verrottenden Baumstämmen quartieren sich viele Insektenarten ein. Hier findest du andere Arten als auf lebenden Bäumen.

Wickler

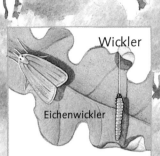

Eichenwickler

Die Raupe des **Eichenwicklers** lebt und frisst in ihrer Röhre. Wird sie gestört, seilt sie sich an einem Seidenfaden ab. Ihre Röhre dreht sie aus einem Eichenblatt, das sie mit Seidenfäden umwickelt.

Aaskäfer

Der **Vierpunktaaskäfer** ist nützlich. Er frisst die Raupen des Eichenwicklers, die die Eichen stark schädigen.

Käfer

Bockkäfer

Feldmaikäfer

Maikäfer schwärmen in der Abenddämmerung aus und fressen die jungen Blätter von Bäumen. Bockkäfer legen ihre Eier in die Ritzen von Baumrinden.

Helfer

Gemeine Florfliege

Zehnpunktmarienkäfer

Florfliegen und Marienkäfer fressen Blattläuse, die Eichenblätter aussaugen.

Wanzen

Blattwanze

Es gibt viele Formen von Blattwanzen. Manche halten sich vorwiegend auf Eichenblättern auf. Sie ernähren sich vom Saft junger Blätter oder von den Eicheln.

Suche im Laub auf dem Boden nach Larven und Puppen.

Eichengallen

Gallwespe

Gallen

Im Mai kannst du auf Eichen unterschiedliche Gallen finden. Das sind kugelförmige Geschwülste. In ihnen entwickeln sich die Larven der Gallwespen.

Larven der Nachtfalter

Die Raupen der **Wurzelbohrer** fressen die jungen Wurzeln von Bäumen und anderen Pflanzen.

Käferlarven

Die Larven von **Maikäfern** bleiben mindestens drei Jahre lang in der Erde.

Gallwespen

Galle

Schwammgallwespe

Schwammgallwespen legen ihre Eier an Eichenwurzeln. Dort bilden sich Gallen.

51

Insekten im Teich

An einem Teich wimmelt es vor Insekten. Die beste Zeit, um hier nach Insekten zu forschen, ist der Frühsommer. Dann nämlich verwandeln sich die Nymphen, Larven und Puppen von Libellen und anderen Insekten in geschlechtsreife Tiere und ein hektisches Treiben setzt ein.

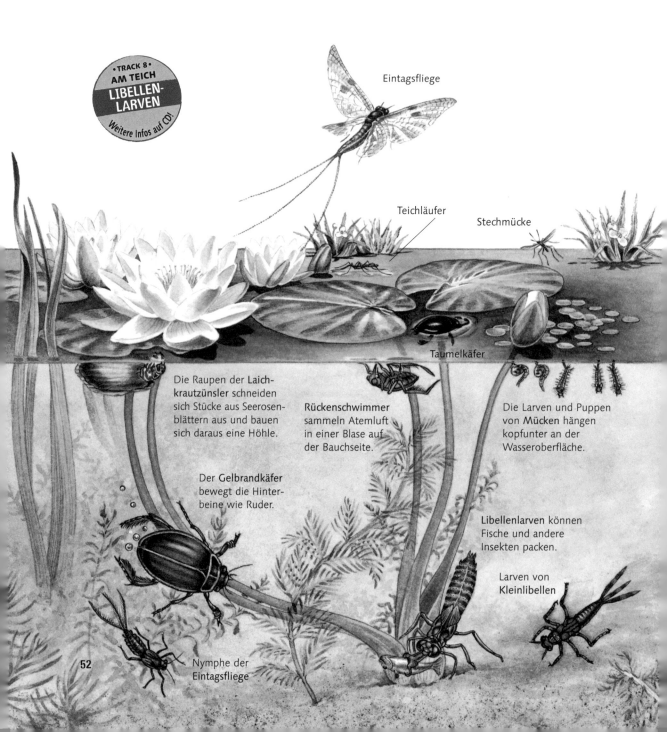

• TRACK 8 •
AM TEICH
LIBELLEN-LARVEN
Weitere Infos auf CD.

Eintagsfliege

Teichläufer

Stechmücke

Taumelkäfer

Die Raupen der Laichkrautzünsler schneiden sich Stücke aus Seerosenblättern aus und bauen sich daraus eine Höhle.

Rückenschwimmer sammeln Atemluft in einer Blase auf der Bauchseite.

Die Larven und Puppen von Mücken hängen kopfunter an der Wasseroberfläche.

Der Gelbrandkäfer bewegt die Hinterbeine wie Ruder.

Libellenlarven können Fische und andere Insekten packen.

Larven von Kleinlibellen

Nymphe der Eintagsfliege

52

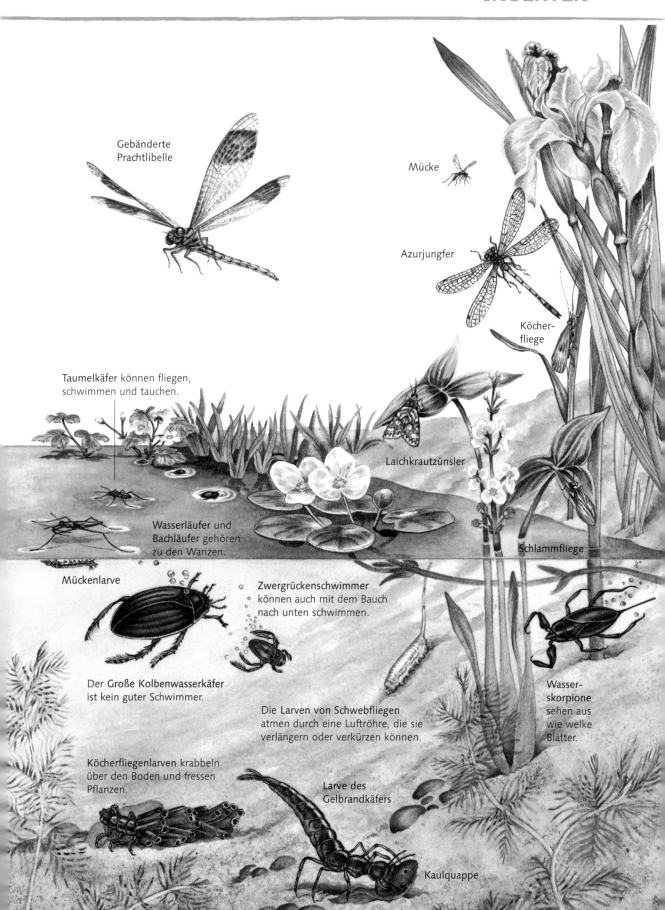

Gebänderte
Prachtlibelle

Mücke

Azurjungfer

Köcher-
fliege

Taumelkäfer können fliegen,
schwimmen und tauchen.

Laichkrautzünsler

Wasserläufer und
Bachläufer gehören
zu den Wanzen.

Schlammfliege

Mückenlarve

Zwergrückenschwimmer
können auch mit dem Bauch
nach unten schwimmen.

Der Große Kolbenwasserkäfer
ist kein guter Schwimmer.

Die Larven von Schwebfliegen
atmen durch eine Luftröhre, die sie
verlängern oder verkürzen können.

Wasser-
skorpione
sehen aus
wie welke
Blätter.

Köcherfliegenlarven krabbeln
über den Boden und fressen
Pflanzen.

Larve des
Gelbrandkäfers

Kaulquappe

Als Insektenforscher unterwegs

DIE AUSRÜSTUNG

Wichtig für deine Beobachtungen ist eine geeignete und nicht zu neue Kleidung, ein Spiralblock für Notizen oder ein Schulheft und ein paar wasserfeste Stifte in verschiedenen Farben. Als Beobachtungsgefäß eignet sich eine Becherlupe oder du baust dir selbst eins aus einem Glas mit einem Schraubdeckel. Denke an die Luftlöcher. Dann solltest du zusätzlich eine Lupe mit acht- bis zehnfacher Vergrößerung im Gepäck haben. Packe auch ein Bestimmungsbuch ein.

Jeder Lebensraum eignet sich, um Insekten zu beobachten. Du findest sie unter Steinen, im Waldboden, auf Blumen, an Teichen oder auf Wiesen. Mit der richtigen Ausrüstung, etwas Geduld und viel Respekt vor den kleinen Krabblern kannst du interessante Beobachtungen machen.

Breite ein weißes Tuch unter einem Strauch aus. Wenn du mit einem Stock gegen die Zweige klopfst, fallen viele Insekten auf das Tuch.

Spiralblock

Grabe Erde aus und siebe sie vorsichtig. Die Insekten bleiben auf dem Sieb zurück.

Gartenschaufel

Sieb

Ein Schmetterlingsnetz kann sehr hilfreich sein. Achte darauf, den Schmetterling nicht zu beschädigen.

In einem Rucksack kannst du deine Ausrüstung transportieren. Insekten kannst du in Gläsern mit Schraubdeckeln und Luftlöchern oder in kleinen Schachteln aufbewahren.

Die Wasser-Expedition

Mit einem Fangnetz kannst du Insekten von der Wasseroberfläche oder aus dem Wasser fischen. In flachen Gewässern reicht ein Küchensieb. Praktisch sind ein flacher, weißer Teller, um deine Beute zu betrachten und ein Löffel, um sie ins Schraubglas zu setzen. Mit einer Handschaufel gräbst du den Schlamm am Teichboden auf.

Ein Fangnetz basteln

Lass dir von einem Erwachsenen beim Basteln eines eigenen Fangnetzes helfen.

Das brauchst du:
30 x 60 cm Nylonnetz, Marmeladenglas, Holzstab Nadel und starker Faden, Drahtkleiderbügel, Schnur

Nähen

Biege den Drahtkleiderbügel zu einer Schlaufe und drehe die Enden fest um den Holzstab. Nähe die Netzkanten zusammen.

Nähen

Nähe das Netz, wie hier gezeigt, an die Drahtschlaufe.

Schnur

Marmeladenglas

Befestige ein Marmeladenglas am unteren Rand des Netzes. Wickle den Draht mit einer Schnur fest an den Holzstab.

Wenn du Insekten beobachten möchtest, solltest du dich an folgende Regeln halten:

- Fange keine Tiere, die dir wehtun können, zum Beispiel Wespen oder Bienen.
- Fange keine Tiere, die unter Naturschutz stehen oder die du leicht verletzen kannst.
- Lege Steine und Äste, die du aufgehoben hast, immer wieder genau so, wie du sie vorgefunden hast, an ihren Platz zurück.
- Pflücke keine Blumen und brich weder Zweige noch Rindenstücke von den Bäumen.
- Bewege dich langsam und leise. So erhöhst du deine Chancen, Insekten zu finden.
- Lass Insekten, die du für deine Beobachtungen eingesammelt hast, spätestens nach einer Viertelstunde wieder frei. Und zwar dort, wo du sie gefunden hast.
- Bewahre Insekten im Beobachtungsgefäß nie in der prallen Sonne auf.

Insekten bestimmen

Tagfalter

Admiral
Mai bis Juni und
Juli bis September

Großer Kohlweißling
Mai bis August

Waldbrettspiel, April bis Juni
und August bis September

Aurorafalter, Mai bis Juni

Mauerfuchs, Mai bis Juni
und August bis September

Kleiner Kohlweißling
Mai bis Juni und Juli bis August

Gemeiner Bläuling, Mai bis Juni
und August bis September

Großes Ochsenauge
Mitte Juni bis September

Käfer

Blattkäfer
5–7 mm lang, Sommer

Gemeiner Widderbock
15 mm, Juni

Kotkäfer
12 mm lang,
Spätsommer

Gemeiner
Speckkäfer
7–9 mm lang,
ganzjährig

Schnellkäfer
10–13 mm lang,
Frühsommer

Grünrüssler
8–10 mm lang,
Mai bis Juni

Scharlachroter
Feuerkäfer
14–15 mm lang,
Juni

Zweipunktmarienkäfer
4–6 mm lang, Sommer

Siebenpunktmarienkäfer
5–8 mm lang, Sommer

22-Punktmarienkäfer
5 mm lang, Sommer

Libellen

Plattbauch
Flügelspann-
weite 70 mm,
Mai bis Anfang August

Frühe
Adonislibelle
Flügelspann-
weite 45 mm,
Mai bis August

Mosaikjungfer
Flügelspann-
weite 90 mm,
Juli bis Oktober

Nachtfalter

Mondvogel
Juli bis August

Abendpfauenauge
Mai bis Juli

Eichenspanner
August bis September

Schwan
Juli bis August

Brennnesselzünsler
Mai bis Mitte Juli

Achateule
Mai bis Oktober

Stachelbeerspanner
Juli bis August

Schlehenspinner
Ende August bis
Oktober

Timandra-Motte
Mai bis September

Gammaeule
Juni bis Oktober

Messingeule
Juni bis September

Großer Gabelschwanz
(Männchen)
Mai bis Juni

Pappelschwärmer
Mai bis August

Buchenstreckfuß
Mai bis Juni

Zitronenspanner
Mai bis Juni und
August bis September

Nierenmakeleule
Juni bis August

Grasgurke
Juni bis Mitte August

Sechsfleck-Widderchen
Ende Juni bis
Mitte August

Insekten bestimmen

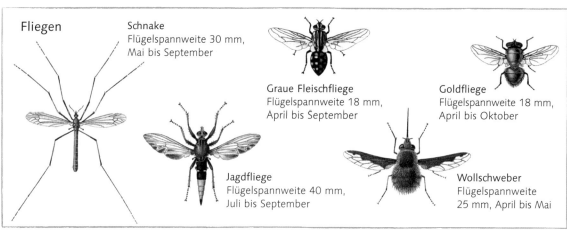

Fliegen

Schnake
Flügelspannweite 30 mm,
Mai bis September

Graue Fleischfliege
Flügelspannweite 18 mm,
April bis September

Goldfliege
Flügelspannweite 18 mm,
April bis Oktober

Jagdfliege
Flügelspannweite 40 mm,
Juli bis September

Wollschweber
Flügelspannweite
25 mm, April bis Mai

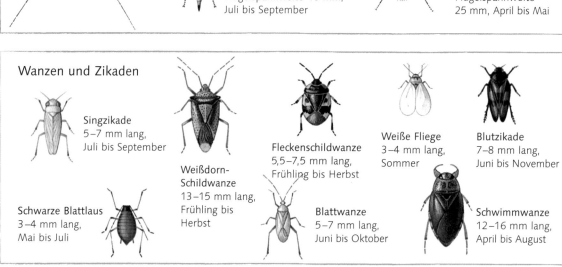

Wanzen und Zikaden

Singzikade
5–7 mm lang,
Juli bis September

**Weißdorn-
Schildwanze**
13–15 mm lang,
Frühling bis
Herbst

Fleckenschildwanze
5,5–7,5 mm lang,
Frühling bis Herbst

Weiße Fliege
3–4 mm lang,
Sommer

Blutzikade
7–8 mm lang,
Juni bis November

Schwarze Blattlaus
3–4 mm lang,
Mai bis Juli

Blattwanze
5–7 mm lang,
Juni bis Oktober

Schwimmwanze
12–16 mm lang,
April bis August

Schaben

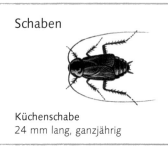

Küchenschabe
24 mm lang, ganzjährig

Florfliege

Gemeine Forfliege, Flügelspannweite 30 mm, Sommer

Ameisen

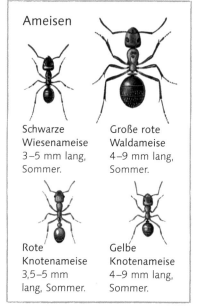

**Schwarze
Wiesenameise**
3–5 mm lang,
Sommer.

**Große rote
Waldameise**
4–9 mm lang,
Sommer.

**Rote
Knotenameise**
3,5–5 mm
lang, Sommer.

**Gelbe
Knotenameise**
4–9 mm lang,
Sommer.

Ohrwurm

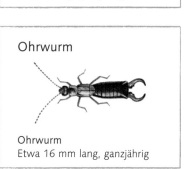

Ohrwurm
Etwa 16 mm lang, ganzjährig

Skorpionsfliege

Skorpionsfliege, Flügelspannweite 30 mm, Mai bis Juli

Eintags-fliegen

Große Eintagsfliege
Flügelspannweite
25 mm, April bis
September

Flöhe

Katzenfloh
2–3 mm lang, ganzjährig

Heuschrecken und Grillen

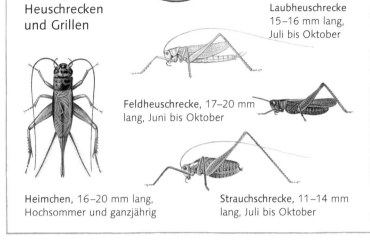

Laubheuschrecke
15–16 mm lang,
Juli bis Oktober

Feldheuschrecke, 17–20 mm
lang, Juni bis Oktober

Heimchen, 16–20 mm lang,
Hochsommer und ganzjährig

Strauchschrecke, 11–14 mm
lang, Juli bis Oktober

Fischchen

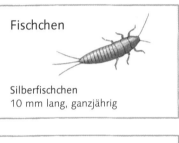

Silberfischchen
10 mm lang, ganzjährig

Läuse

Bücherlaus
2,5 mm lang, ganzjährig

Wespen

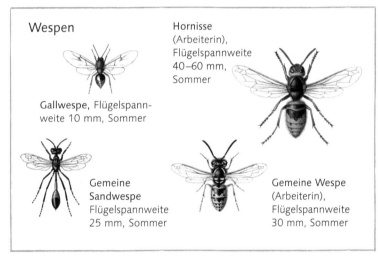

Gallwespe, Flügelspann-
weite 10 mm, Sommer

Hornisse
(Arbeiterin),
Flügelspannweite
40–60 mm,
Sommer

Gemeine
Sandwespe
Flügelspannweite
25 mm, Sommer

Gemeine Wespe
(Arbeiterin),
Flügelspannweite
30 mm, Sommer

Köcher-fliege

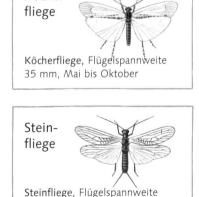

Köcherfliege, Flügelspannweite
35 mm, Mai bis Oktober

Stein-fliege

Steinfliege, Flügelspannweite
20 mm, Sommer

Bienen (Arbeiterinnen)

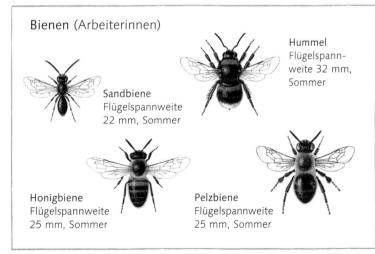

Sandbiene
Flügelspannweite
22 mm, Sommer

Hummel
Flügelspann-
weite 32 mm,
Sommer

Honigbiene
Flügelspannweite
25 mm, Sommer

Pelzbiene
Flügelspannweite
25 mm, Sommer

Insekten auf Blumen

Dickkopffalter

Aster

Mit raffinierten Tricks sorgen Blumen für den Erhalt und die Verbreitung ihrer Art. Sie bilden prächtige Blüten aus, verströmen einen betörenden Duft oder stellen süßen Nektar her, um von Insekten besucht zu werden.

Blumen-Tricks

Blütennektar dient den Insekten als Nahrung. Bei der Suche nach Nektar übertragen Insekten die Pollen. Die Blume wird dadurch bestäubt und kann die Samenproduktion in Gang setzen. Mit kräftigen Farben und auffällig gemusterten Kronblättern versuchen viele Blumenarten, besonders viele Insekten anzulocken.

Tigerlilie

Vergissmeinnicht

Ackerwinde

Stiefmütterchen

Insekten-Tricks

Auch die Insekten haben sich einiges einfallen lassen, um möglichst schnell an Nektar zu gelangen. Manche Schmetterlinge entrollen einen langen Rüssel und einige Käferarten sind auf Blüten spezialisiert, deren Nektar leicht zu erreichen ist.

Gartenlaubkäfer haben beißende und kauende Mundwerkzeuge.

Nachfalter werden von hellen Blüten angelockt.

Schwärmer

Hummeln und Bienen besuchen eine Blumenart über längere Zeit.

WILDBLUMEN

Blumen wachsen nicht nur auf dem Gartenbeet. Dieses Kapitel zeigt dir viele herrliche
Blumen, die wild in Städten und Dörfern oder
auf Feldern und Wiesen gedeihen. Du erfährst,
wie sie wachsen, wie sie auch unter schwierigs-
ten Bedingungen überleben und welche Tricks
sie anwenden, um ihre Samen zu verbreiten.

Bauplan und Merkmale

PFLANZENTEILE

Die **Wurzel** verankert die Blume im Boden, damit sie allen Witterungen trotzen kann. Außerdem entzieht sie der Erde Wasser und Nährstoffe. Diese werden über den **Stängel** in die **Blätter** transportiert.

Die Blätter enthalten einen grünen Farbstoff, das Chlorophyll, der das Sonnenlicht zur Umwandlung von Kohlendioxid aus der Luft in Nährstoffe nutzt. Dabei entsteht Sauerstoff, der an die Luft abgegeben wird. Für die Fortpflanzung einer Pflanze sind die **Blüten** von großer Bedeutung. Sie locken Insekten an, damit sie den Pollen auf andere Blüten übertragen und so zur Befruchtung beitragen. So können sich im Innern später die **Samen** entwickeln.

Der **Stängel**, auch Sprossachse, übernimmt eine wichtige Stützfunktion für die Pflanze.

Auch in den **Blättern** befinden sich Transportwege, um Wasser und Nährstoffe in alle Teile der Pflanze zu leiten. Wasser, das die Pflanze nicht mehr benötigt, wird über die Blätter ausgeschieden.

Wurzeln können entweder flach unter dem Erdboden verlaufen oder tief nach unten wachsen.

Wenn du genau hinsiehst, erkennst du den Bauplan, der für die meisten Blumenarten gilt. Anhand des Aussehens, der Form und Gestalt der Pflanzenteile kannst du eine Blume benennen. Auch der Standort der Blume gibt dir Hinweise für die Bestimmung.

Blüten setzen sich aus den Kelch- und Kronblättern sowie den Fortpflanzungsorganen der Pflanze zusammen. Kelch- und Kronblätter gehören zur Blütenhülle.

Die **Kelchblätter** kannst du am besten sehen, wenn sie die Blütenknospe schützend umhüllen. Öffnet sich die Blüte, treten die Kelchblätter in den Hintergrund

Die **Kronblätter** vieler Blumen sind bunt gefärbt, denn sie sollen Insekten anlocken.

Schmalblättriges Weidenröschen

Ackerhahnenfuß

Blätter

Buschwindröschen

mit einem in
drei Fiedern
geteilten Blatt

Blätter können einfach
oder zusammengesetzt
sein, ihre Ränder sind
rund, gezahnt, gefiedert,
ei- oder lanzettförmig.
Schau genau, wie die
Blätter am Stängel sitzen.
Verbindet sie ein Stiel mit
dem Spross oder sitzen
sie direkt am Stängel auf
und umschließen sie die-
sen sogar? Stehen sie
wechsel- oder gegenstän-
dig an der Sprossachse?

paarweise
gefiedertes
Blatt

einfaches
Blatt, kurz
gestielt

gegen-
ständig
ange-
ordnete
Blätter

Kriechender
Günsel

Blüten als Bestimmungsmerkmale

Die auffälligsten Merkmale einer Blume sind meist
die Farbe ihrer Blüte und ihre Blütenform. Die
Sprossabschnitte des Stängels, welche die Blüten
tragen, heißen Blütenstände. Sie können trauben-
förmig sein, aber auch wie eine Ähre, eine Dolde
oder wie ein Köpfchen aussehen.

Das Köpfchen des **Mausohr-
Habichtskrauts** besteht aus
zitronengelben Blütenblättern.

Die **Primel** trägt nur eine
Einzelblüte auf einem Stängel.

Der **Wiesenkerbel** hat einen
Blütenstand mit mehreren Blüten.

Kronblätter können
unterschiedliche Größen,
Farben und Formen ha-
ben und frei oder
verwachsen sein.

Roter Fingerhut
mit verwachsenen
Kronblättern

Acker-Gauchheil
mit freien
Kronblättern

Kelchblätter können
breit oder schmal, groß
oder klein, frei oder
verwachsen sein.

Rundblättrige
Glockenblume

Kelchblätter

Rote Lichtnelke

Kelchblätter

Fortpflanzung

Staubblätter und Stempel

Mohn

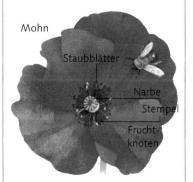

Samenbildende Pflanzen
tragen neben den Kron-
und Kelchblättern auch
männliche (Staubblätter)
und weibliche (Stempel)
Fortpflanzungsorgane.
Öffnen sich die Kronblätter,
kannst du Staubblätter
und Stempel gut unter-
scheiden. Der Stempel
besteht aus Narbe, Griffel
und Fruchtknoten mit den
Eizellen. Die Staubblätter
enthalten die Pollen.

Sucht zum Beispiel eine
Biene in einer **Mohnblüte**
nach Nahrung, bleiben an
ihrem pelzigen Körper
oder an den Beinen Pollen-
körner kleben. Die Biene
überträgt diese zur nächsten Blüte.

Die meisten Blumen vermehren sich durch Samenbildung. Damit dieser Vorgang reibungslos verläuft,
müssen viele Faktoren günstig zusammenspielen.

Befruchtung und Samenbildung

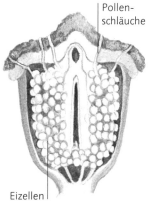

Fruchtknoten

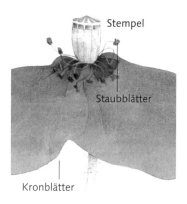

Hat ein Insekt den Pollen auf
eine andere Blüte der gleichen
Art übertragen, können Pollen-
schlauch und Eizelle miteinander
verschmelzen. Dieser Vorgang
heißt Befruchtung.

Nach der Befruchtung fällt der
übrige Pollen aus. Kron- und
Staubblätter sind nun nutzlos,
sie fallen ab. Der Stempel wird
noch gebraucht und bleibt fest.

• TRACK 6 •
AUF DER WIESE
KLATSCH-
MOHN
Weitere Infos auf CD!

Kapselfrucht
des Mohns

Im Innern des Fruchtknotens
wachsen die befruchteten Eizellen zu Samen heran.

Während die Kapselfrucht reift,
trocknet die Wand des Fruchtknotens aus.

So werden Pollen verbreitet

Damit Pflanzen befruchtet werden können, muss Pollen von einer Blüte zur anderen gelangen. Nur wenige Pflanzen sind nicht auf den Pollen anderer angewiesen und können sich selbst bestäuben. Den Pollentransport bei der Fremdbestäubung übernehmen Insekten oder der Wind.

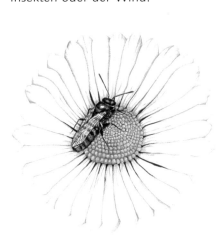

Auf dem Köpfchen des **Gänse-blümchens** können sich Insekten bequem niederlassen.

Das **Waldbingelkraut** macht es dem Wind leicht, den Pollen zu verbreiten. Es bildet Unmengen an Pollen und hat offene Staubblätter und Narben.

Das **Rote Waldvöglein** kann sich selbst bestäuben.

So werden Samen verbreitet

Damit eine neue Pflanze entstehen kann, muss der Samen verbreitet werden. Dazu nehmen Pflanzen Tiere, Wind oder Wasser in Anspruch. Andere verbreiten ihre Samen selbst.

Bachnelkenwurz

Drüsiges Springkraut

Pusteblume

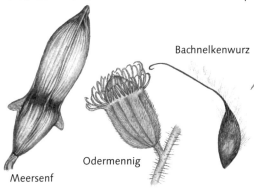

Odermennig

Meersenf

Die Schoten des **Meer-senfs** schwimmen auf dem Wasser, bis sie sich öffnen und die Samen freigeben.

Manche Früchte sind mit feinen Widerhaken ausgestattet, die sich in Fell oder Gefieder von Tieren verfangen. Weit entfernt fallen sie ab.

Alle Springkrautarten bilden ihre Samen in Früchten, die sich explosionsartig öffnen und die Samen heraus-schleudern.

Der Löwenzahn hat sich auf die Verbreitung durch den Wind spe-zialisiert. Seine Samen hängen an haarigen Fallschirmen.

Blumen der Wälder

Im Frühling verwandelt sich der Boden von Misch- und Laubwäldern in einen farbenprächtigen Teppich. Die Bäume, die zu diesem Zeitpunkt noch keine Blätter tragen, lassen noch ausreichend Sonnenlicht auf den Boden dringen.

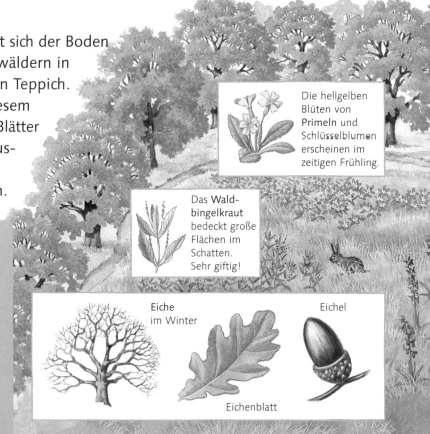

Die hellgelben Blüten von **Primeln** und **Schlüsselblumen** erscheinen im zeitigen Frühling.

Das **Waldbingelkraut** bedeckt große Flächen im Schatten. Sehr giftig!

Eiche im Winter

Eichel

Eichenblatt

STANDORT-FAKTOREN

Ohne **Licht** gedeihen nur wenige Pflanzen. Wenn sich die Blätter der Bäume voll entwickelt haben, verdunkeln sie den Waldboden und du kannst nun andere Blumen, die eher schattige Standorte bevorzugen, entdecken. Doch auch die kräftigen Baumwurzeln begrenzen den **Platz** zum Wachstum. Sie entziehen dem Boden große Mengen an Nährstoffen. Wildblumen haben deshalb wenige Chancen auf ausreichend **Nahrung**. Du findest sie darum eher an Wegrändern oder auf Waldlichtungen.
In **Eichenwäldern** ist es sehr schattig. Sogar Gräser haben es hier schwer. In **Buchenwäldern** sind die Böden weder zu trocken noch zu nass. Diese Bodenverhältnisse bevorzugen bestimmte Wildblumenarten.

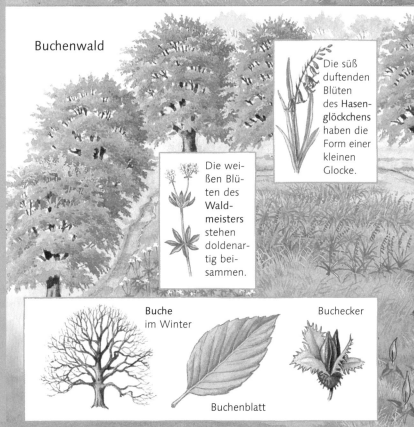

Buchenwald

Die süß duftenden Blüten des **Hasenglöckchens** haben die Form einer kleinen Glocke.

Die weißen Blüten des **Waldmeisters** stehen doldenartig beisammen.

Buche im Winter

Buchecker

Buchenblatt

Eichenwald

Typisch für das **Buschwindröschen** sind die drei Blätter des Stängels.

Die fünf Kronblätter der Blüte des **Waldsauerklees** sind tellerartig ausgebreitet.

Die Mitte der kräftig blauen Blüten des **Gamander-Ehrenpreises** ist weiß. Der Stängel ist behaart.

Kuckucksknabenkraut

Die herzförmigen Blätter des **Scharbockskrauts** sind glänzend und fleischig, die Blüten gelb.

Der **Kriechende Günsel** hat blaue Lippenblüten. Die Blätter sind gegenständig angeordnet.

Die glockenförmigen Blüten des **Salomonssiegels** hängen paarweise am Stängel.

Das größte Blütenblatt des **Gewöhnlichen Stiefmütterchens** ist mit einem Sporn ausgestattet.

Beim **Weißen Waldvöglein** stehen am Ende seines beblätterten Stängels drei bis zwölf cremeweiße Blüten.

Aronstab

Ein weißer Sporn ziert die blau-violetten Blüten des **Hainveilchens**. Die Blätter sind herzförmig.

Die gelben Blüten der **Goldnessel** mit ihren Staubbeuteln sitzen in den Achseln der Blätter.

Heiden, Moore und Gebirge

HEIDEN, MOORE UND GEBIRGE

Blumen in Mooren, auf Heiden und im Gebirge müssen sich an nährstoffarme und feuchte Böden, heftig wehende Winde, niedrige Temperaturen oder lange, schneereiche Winter anpassen.

MOORE UND HEIDEN

In Mooren sammelt sich viel Wasser in Senken, das nicht abfließen kann. Die Böden sind sehr feucht und nährstoffarm. Heiden bilden sich, wenn nährstoffarme Böden über viele Jahre hinweg von Nutztieren, zum Beispiel Schafen, abgegrast werden. Auch diese Böden sind nährstoffarm und meist baumlos.

GEBIRGE

Je höher man auf einen Berg steigt, desto weniger Pflanzen sind zu finden. Eine deutliche Grenze bilden die Nadelbäume. Oberhalb der Baumgrenze, ab der keine Bäume mehr wachsen, beginnt das Hochgebirge. Pflanzen, die hier überleben, wachsen in flachen und dichten Polstern, um sich vor heftigem Winden zu schützen. Auch Schnee und niedrigen Temperaturen trotzen sie.

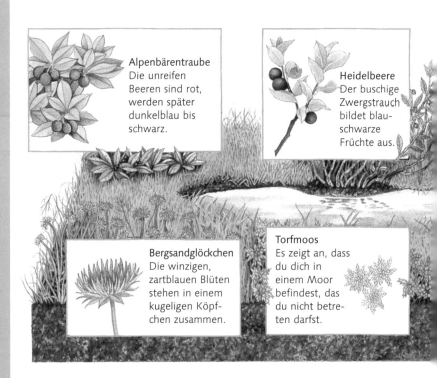

Alpenbärentraube
Die unreifen Beeren sind rot, werden später dunkelblau bis schwarz.

Heidelbeere
Der buschige Zwergstrauch bildet blauschwarze Früchte aus.

Bergsandglöckchen
Die winzigen, zartblauen Blüten stehen in einem kugeligen Köpfchen zusammen.

Torfmoos
Es zeigt an, dass du dich in einem Moor befindest, das du nicht betreten darfst.

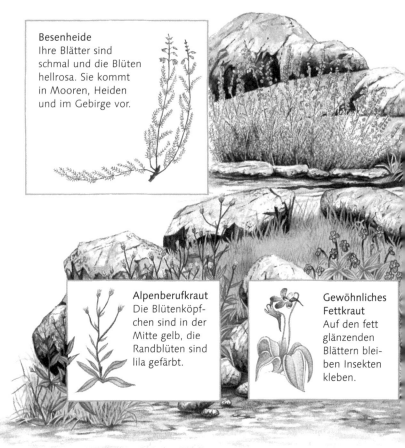

Besenheide
Ihre Blätter sind schmal und die Blüten hellrosa. Sie kommt in Mooren, Heiden und im Gebirge vor.

Alpenberufkraut
Die Blütenköpfchen sind in der Mitte gelb, die Randblüten sind lila gefärbt.

Gewöhnliches Fettkraut
Auf den fett glänzenden Blättern bleiben Insekten kleben.

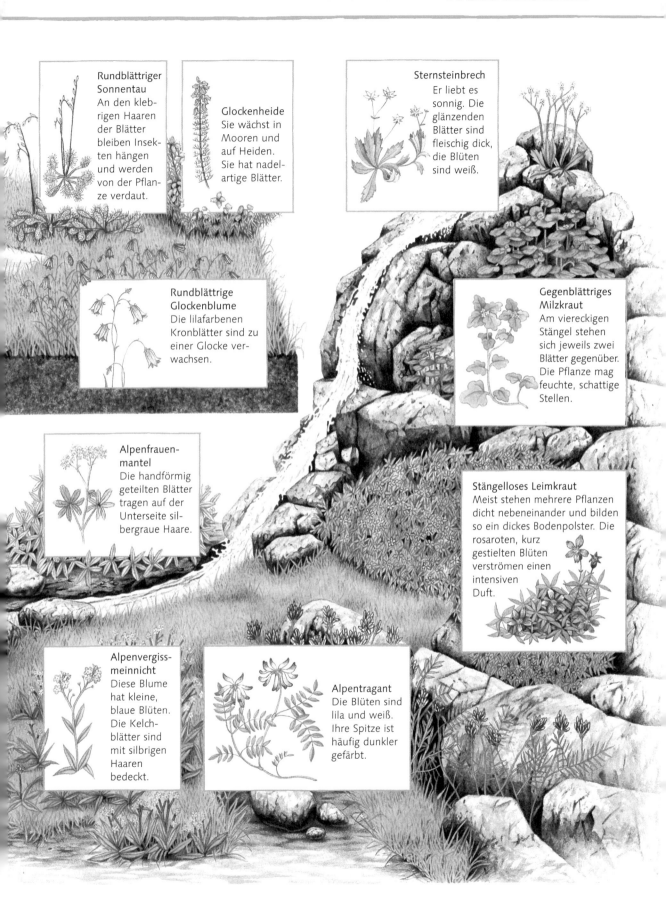

Rundblättriger Sonnentau
An den klebrigen Haaren der Blätter bleiben Insekten hängen und werden von der Pflanze verdaut.

Glockenheide
Sie wächst in Mooren und auf Heiden. Sie hat nadelartige Blätter.

Sternsteinbrech
Er liebt es sonnig. Die glänzenden Blätter sind fleischig dick, die Blüten sind weiß.

Rundblättrige Glockenblume
Die lilafarbenen Kronblätter sind zu einer Glocke verwachsen.

Gegenblättriges Milzkraut
Am viereckigen Stängel stehen sich jeweils zwei Blätter gegenüber. Die Pflanze mag feuchte, schattige Stellen.

Alpenfrauenmantel
Die handförmig geteilten Blätter tragen auf der Unterseite silbergraue Haare.

Stängelloses Leimkraut
Meist stehen mehrere Pflanzen dicht nebeneinander und bilden so ein dickes Bodenpolster. Die rosaroten, kurz gestielten Blüten verströmen einen intensiven Duft.

Alpenvergissmeinnicht
Diese Blume hat kleine, blaue Blüten. Die Kelchblätter sind mit silbrigen Haaren bedeckt.

Alpentragant
Die Blüten sind lila und weiß. Ihre Spitze ist häufig dunkler gefärbt.

Wiesen und Feuchtgebiete

Wiesen, Felder und Weiden sind dort entstanden, wo die Menschen vor vielen Hundert Jahren die Wälder abgeholzt haben. Vom Menschen unberührt bieten Feuchtgebiete durch ihre nährstoffreichen Böden vielen Blumenarten eine Heimat.

Der **Wiesensalbei** blüht von April bis August auf Mähwiesen. Verwechsle ihn nicht mit dem Eisenkraut-Salbei. Dieser trägt stärker gezackte Blätter.

Nützliche Informationen
Schreibe dir immer auf, wo du eine Blume gefunden hast und notiere möglichst viele Informationen zu ihrem Standort. Beim Versuch, eine Pflanze zu bestimmen, kann das sehr hilfreich sein.

Die Blüten der **Sumpf-Kratzdistel** sind in Köpfchen zusammengefasst. Sie hat stachelige, längliche Blätter.

Bei Wind klappern die Samen des Kleinen **Klappertopfs** im trockenen Kelch.

Die glockenförmigen Blüten des **Beinwells** hängen nach unten. Die Naturheilkunde verwendet die Pflanze bei Wunden.

Die Blütenköpfchen vom **Wiesenklee** bestehen aus zahlreichen duftenden Blüten.

Das **Stiefmütterchen** blüht in vielen Farben: violett, blau, gelb oder zweifarbig.

Fleischrotes Knabenkraut bildet einen dichten Blütenstand mit intensiv roten Blüten. Orchideen sind sehr selten und stehen unter Schutz.

Die **Sumpfdotterblume** breitet ihre dottergelben Blüten ab März auf feuchten Wiesen aus. Sie ähnelt dem Hahnenfuß.

Der **Kriechende Hahnenfuß** treibt Ausläufer, die über den Boden kriechen und Wurzeln schlagen.

Früchte

Die glockenförmigen roten Blüten der **Bachnelkenwurz** hängen nickend herab.

Die winzigen Blüten des **Mädesüß** stehen in großen Gruppen zusammen und locken mit ihrem süßen Duft Insekten an.

An den kriechenden Stängeln des **Pfennigkrauts** sitzen rundliche Blätter und sattgelbe Blüten.

Diese rosa blühende Heilpflanze **Arzneibaldrian** wächst in Wassernähe. Aus der Wurzel gewinnt man die beruhigende Baldriantinktur.

• TRACK 6 •
AUF DER WIESE
VERGISS-MEINNICHT
Weitere Infos auf CD!

Das **Sumpf-Vergissmeinnicht** entwickelt hellblaue Blüten.

Teiche und Flüsse

In den unterschiedlich tiefen Zonen eines Teiches und an seinen Ufern wachsen ganz bestimmte Wildblumenarten. Wasserpflanzen sind meist zart gebaut. Ihre geschmeidigen Stängel und die feinen Unterwasserblätter bieten dem Wasser kaum Widerstand.

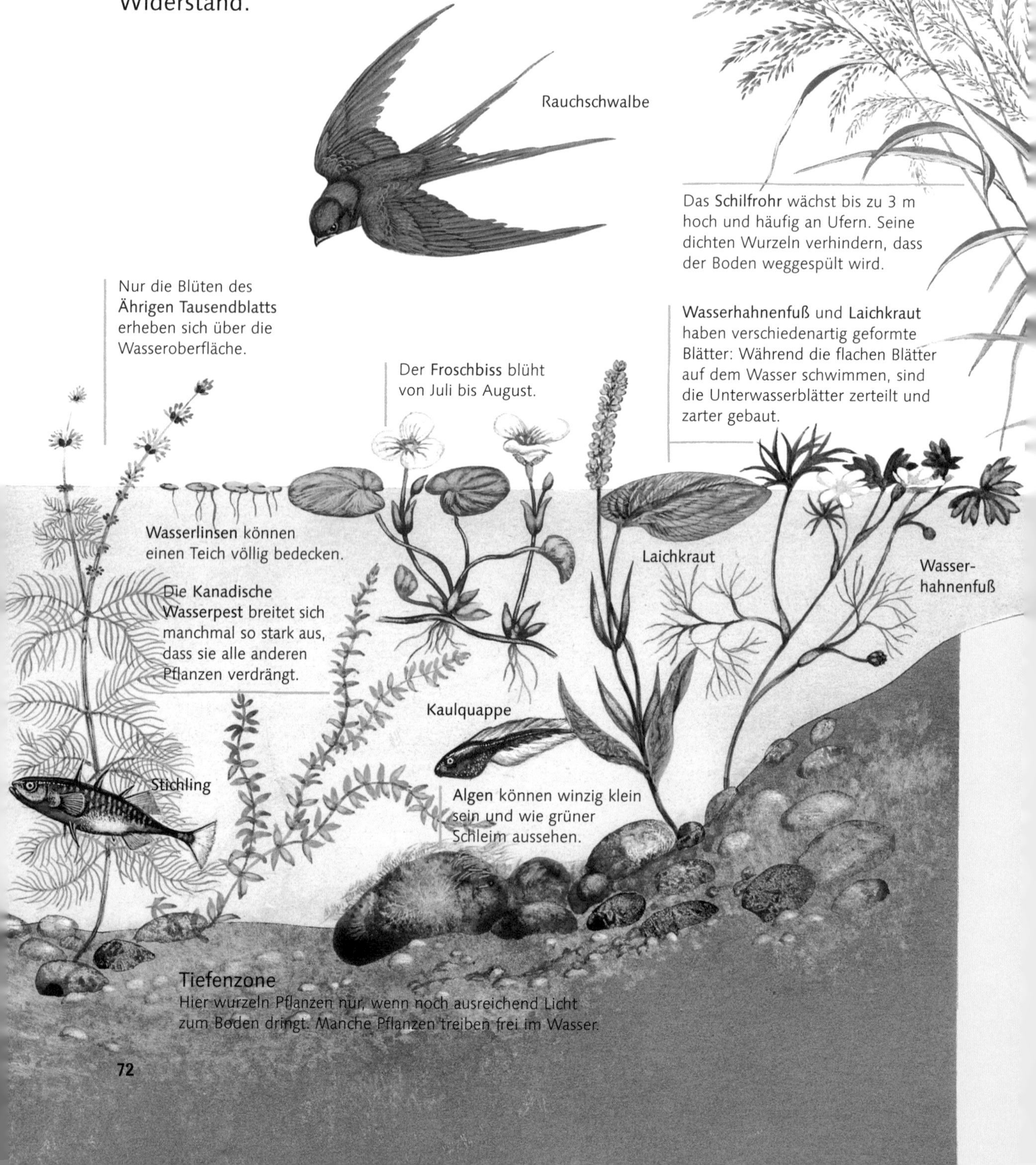

Rauchschwalbe

Das Schilfrohr wächst bis zu 3 m hoch und häufig an Ufern. Seine dichten Wurzeln verhindern, dass der Boden weggespült wird.

Nur die Blüten des Ährigen Tausendblatts erheben sich über die Wasseroberfläche.

Der Froschbiss blüht von Juli bis August.

Wasserhahnenfuß und Laichkraut haben verschiedenartig geformte Blätter: Während die flachen Blätter auf dem Wasser schwimmen, sind die Unterwasserblätter zerteilt und zarter gebaut.

Wasserlinsen können einen Teich völlig bedecken.

Die Kanadische Wasserpest breitet sich manchmal so stark aus, dass sie alle anderen Pflanzen verdrängt.

Laichkraut

Wasser-hahnenfuß

Kaulquappe

Stichling

Algen können winzig klein sein und wie grüner Schleim aussehen.

Tiefenzone
Hier wurzeln Pflanzen nur, wenn noch ausreichend Licht zum Boden dringt. Manche Pflanzen treiben frei im Wasser.

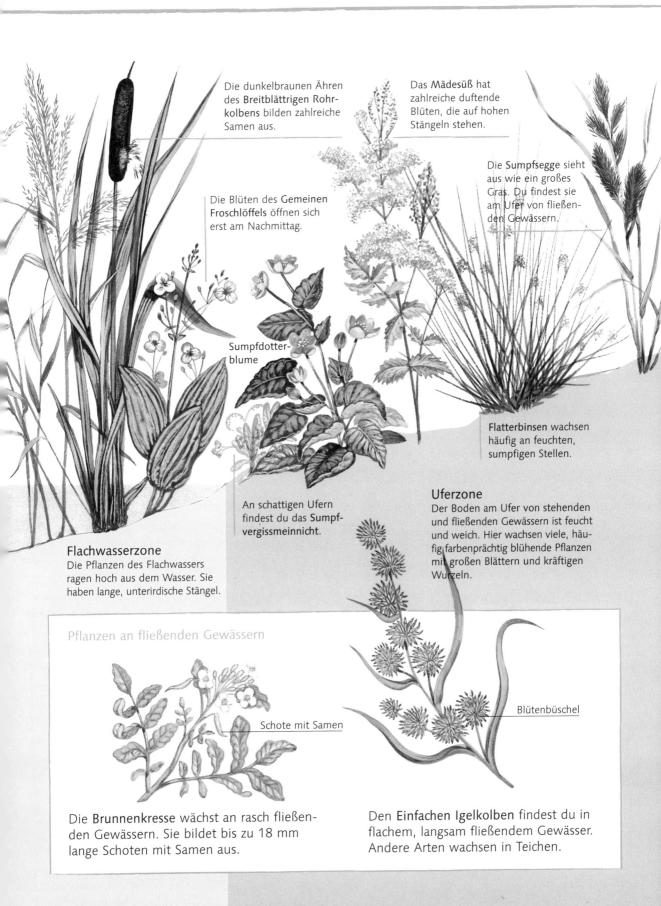

Die dunkelbraunen Ähren des **Breitblättrigen Rohrkolbens** bilden zahlreiche Samen aus.

Das **Mädesüß** hat zahlreiche duftende Blüten, die auf hohen Stängeln stehen.

Die **Sumpfsegge** sieht aus wie ein großes Gras. Du findest sie am Ufer von fließenden Gewässern.

Die Blüten des **Gemeinen Froschlöffels** öffnen sich erst am Nachmittag.

Sumpfdotter-blume

Flatterbinsen wachsen häufig an feuchten, sumpfigen Stellen.

An schattigen Ufern findest du das **Sumpf-vergissmeinnicht**.

Uferzone
Der Boden am Ufer von stehenden und fließenden Gewässern ist feucht und weich. Hier wachsen viele, häufig farbenprächtig blühende Pflanzen mit großen Blättern und kräftigen Wurzeln.

Flachwasserzone
Die Pflanzen des Flachwassers ragen hoch aus dem Wasser. Sie haben lange, unterirdische Stängel.

Pflanzen an fließenden Gewässern

Schote mit Samen

Blütenbüschel

Die **Brunnenkresse** wächst an rasch fließenden Gewässern. Sie bildet bis zu 18 mm lange Schoten mit Samen aus.

Den **Einfachen Igelkolben** findest du in flachem, langsam fließendem Gewässer. Andere Arten wachsen in Teichen.

Meeresküsten

Die Pflanzen der Meeresküsten sind echte Überlebenskünstler. Sie trotzen der sengenden Sonne, widerstehen dem Wind und kommen mit dem hohen Salzgehalt des Bodens zurecht.

Küstenseeschwalbe

Lachmöwe

Sanddünen

Pflanzen der Sanddünen sind starkem Wind ausgesetzt und werden häufig vom Sand begraben. Sogar vor Trockenheit müssen sie sich schützen, denn Regenwasser versickert schnell in dem durchlässigen Boden.

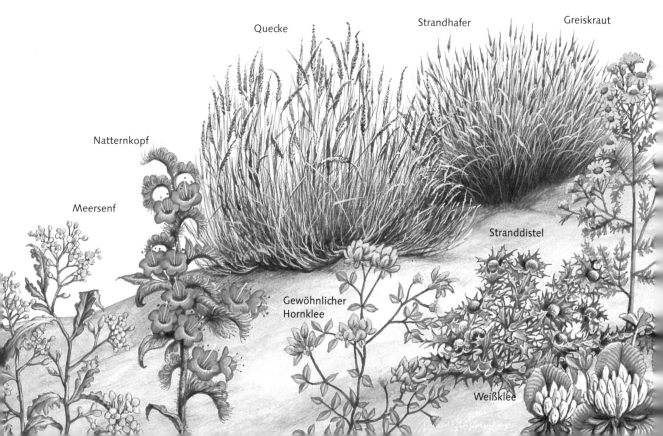

Quecke

Strandhafer

Greiskraut

Natternkopf

Meersenf

Gewöhnlicher Hornklee

Stranddistel

Weißklee

Salzwiesen

Salzwiesen entstehen an flachen Meeresküsten. Sie reichen von der Gezeitenzone, die bei Flut überschwemmt wird, bis zum trockenen Festland. Dadurch haben sich hier unterschiedliche Pflanzen angesiedelt.

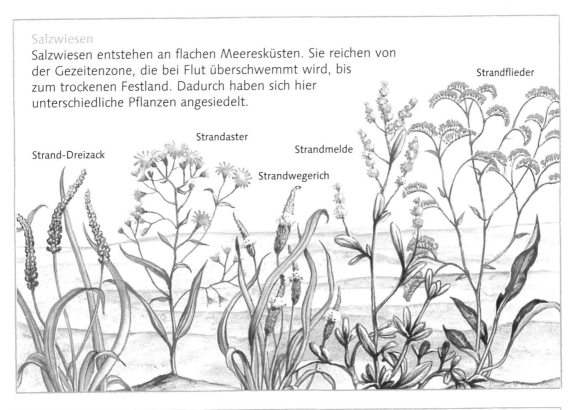

Strandflieder

Strandaster

Strandmelde

Strand-Dreizack

Strandwegerich

Klippen

Durch den starken, andauernden Wind gibt es hier viele niedrig wachsende Arten, die sich mit langen Wurzeln tief in den Felsen verankern. Da das Regenwasser rasch abfließt, müssen die Pflanzen in dickfleischigen Blättern möglichst viel Wasser speichern. Oben auf den Klippen, wo es etwas Erde gibt, wachsen auch Pflanzen des Festlandes.

Goldlack

Meerkohl

Meerfenchel

Felsenspark

Grasnelke

Strandleimkraut

Wildblumen in Hecken

Hecken sind „lebende Zäune", die aus Sträuchern bestehen. Du findest sie als Umrandung von Gärten, aber auch zwischen Feldern oder an Spazierwegen. Zwischen den Sträuchern gibt es mehr oder weniger Platz für zahlreiche Wildblumenarten. Sogar Straßenränder sind ein Rückzugsgebiet für Wildblumen.

Gewöhnliche Waldrebe
Die Früchte dieser Kletterpflanze tragen lange, weiße Haare.

Hundsrose
Die roten Früchte dieses Rosenstrauches werden Hagebutten genannt.

Wiesenkerbel
Auf den doldenartigen Blütenständen landen viele Insekten.

Geißblatt
Die stark duftenden Blüten der Kletterpflanze werden von Nachtfaltern bestäubt.

Große Klette
Die Früchte sind mit Haken versehen und bleiben am Fell von Tieren haften.

• TRACK 6 •
AUF DER WIESE
BRENNNESSEL
Weitere Infos auf CD!

Brennnessel
Die Blätter sind mit brennenden Haaren bedeckt. Ihre Blüten färben sich grün.

Löwenzahn
Die Früchte der „Pusteblume" treiben mit dem Wind.

Roter Fingerhut
Alle Pflanzenteile sind sehr giftig. Berühre sie nicht!

Wilde Karde
Stängel und Blätter werden im Winter braun und trocken.

Seltene Blumen

Diese Wildblumenarten sind sehr selten und vom Aussterben bedroht. Um ihr Fortbestehen und ihre weitere Verbreitung zu sichern, wurden sie unter Naturschutz gestellt. Es ist verboten, geschützte Blumen zu pflücken oder sie auszugraben. Mit jeder Blume, die du entfernst, verhinderst du ihre Fortpflanzung und riskierst, dass sie schließlich ganz verschwindet.

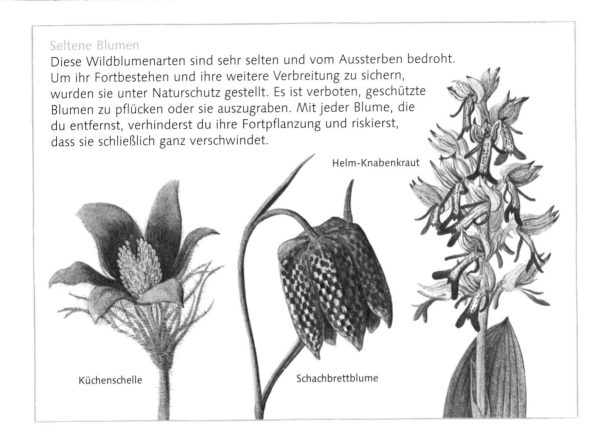

Helm-Knabenkraut

Küchenschelle

Schachbrettblume

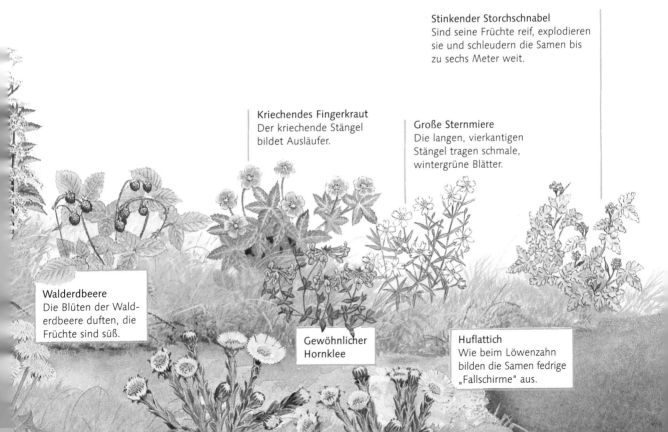

Stinkender Storchschnabel
Sind seine Früchte reif, explodieren sie und schleudern die Samen bis zu sechs Meter weit.

Kriechendes Fingerkraut
Der kriechende Stängel bildet Ausläufer.

Große Sternmiere
Die langen, vierkantigen Stängel tragen schmale, wintergrüne Blätter.

Walderdbeere
Die Blüten der Walderdbeere duften, die Früchte sind süß.

Gewöhnlicher Hornklee

Huflattich
Wie beim Löwenzahn bilden die Samen fedrige „Fallschirme" aus.

Wildblumen in Städten

Unsere Städte sind voll von Wildblumen. Sie wachsen auf den Grünstreifen entlang der Straßen, auf Parkplätzen, an Mauern und Gartenzäunen. Dort begnügen sie sich häufig mit wenig Erde und mit wenig Platz. Haben sie einmal Fuß gefasst, breiten sie sich rasch weiter aus. Ihre Widerstandsfähigkeit hat ihnen auch den Namen „Unkraut" eingebracht. Für Gärtner können sie zu einem echten Problem werden.

Die Wildblumen auf diesen Seiten sind nicht im selben Maßstab gezeichnet.

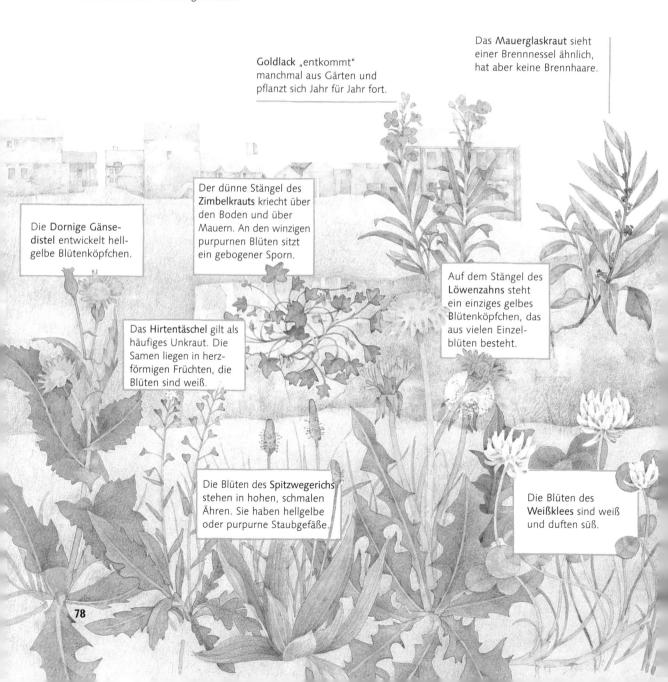

Goldlack „entkommt" manchmal aus Gärten und pflanzt sich Jahr für Jahr fort.

Das Mauerglaskraut sieht einer Brennnessel ähnlich, hat aber keine Brennhaare.

Der dünne Stängel des Zimbelkrauts kriecht über den Boden und über Mauern. An den winzigen purpurnen Blüten sitzt ein gebogener Sporn.

Die Dornige Gänsedistel entwickelt hellgelbe Blütenköpfchen.

Das Hirtentäschel gilt als häufiges Unkraut. Die Samen liegen in herzförmigen Früchten, die Blüten sind weiß.

Auf dem Stängel des Löwenzahns steht ein einziges gelbes Blütenköpfchen, das aus vielen Einzelblüten besteht.

Die Blüten des Spitzwegerichs stehen in hohen, schmalen Ähren. Sie haben hellgelbe oder purpurne Staubgefäße.

Die Blüten des Weißklees sind weiß und duften süß.

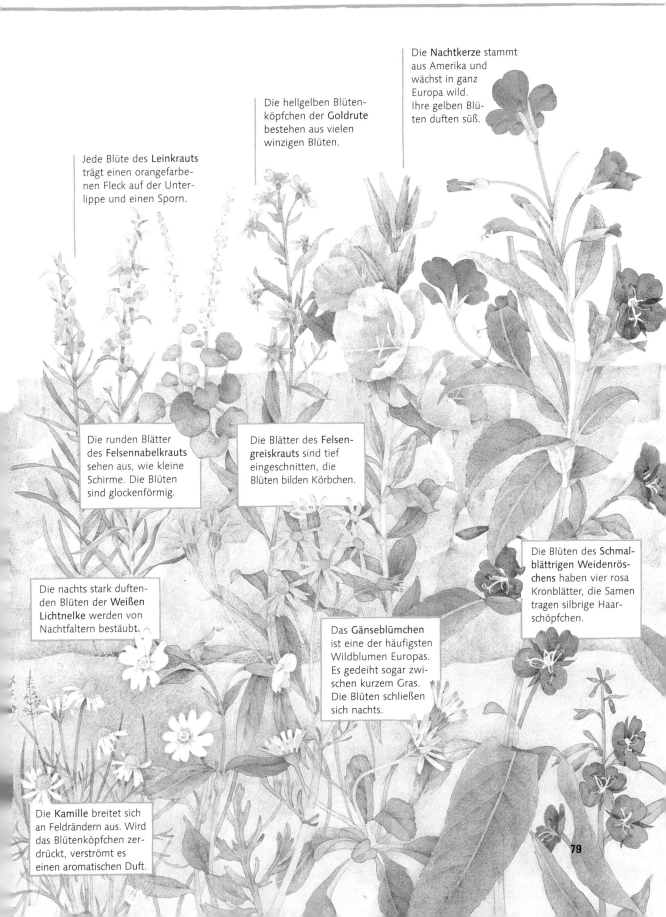

Die **Nachtkerze** stammt aus Amerika und wächst in ganz Europa wild. Ihre gelben Blüten duften süß.

Die hellgelben Blütenköpfchen der **Goldrute** bestehen aus vielen winzigen Blüten.

Jede Blüte des **Leinkrauts** trägt einen orangefarbenen Fleck auf der Unterlippe und einen Sporn.

Die runden Blätter des **Felsennabelkrauts** sehen aus, wie kleine Schirme. Die Blüten sind glockenförmig.

Die Blätter des **Felsengreiskrauts** sind tief eingeschnitten, die Blüten bilden Körbchen.

Die Blüten des **Schmalblättrigen Weidenröschens** haben vier rosa Kronblätter, die Samen tragen silbrige Haarschöpfchen.

Die nachts stark duftenden Blüten der **Weißen Lichtnelke** werden von Nachtfaltern bestäubt.

Das **Gänseblümchen** ist eine der häufigsten Wildblumen Europas. Es gedeiht sogar zwischen kurzem Gras. Die Blüten schließen sich nachts.

Die **Kamille** breitet sich an Feldrändern aus. Wird das Blütenköpfchen zerdrückt, verströmt es einen aromatischen Duft.

Wildblumen bestimmen

Weiße Blüten

Frucht

Ackertäschelkraut, 30 cm.
Getreidefelder, Schutt-
flächen. Blüht im Sommer.

Meersenf, 30 cm.
Sandige Meeresküsten.
Blüht im Sommer.

Frucht

Taubenkopf-Leimkraut,
45 cm. Trockene Böden.
Blüht im Frühling / Sommer.

Große Sternmiere, 20 cm.
Wälder, Hecken, Felder.
Blüht im Frühling.

Moltebeere, 15 cm.
Selten in Moorgebieten.
Blüht im Sommer.

Weiße Fetthenne, 5–15 cm.
Kriechend. Felsen, Mauern.
Blüht im Sommer.

Weiße Taubnessel, 20 cm.
Wegränder, Ödländer.
Blüht von Frühling bis
Herbst.

Mutterkraut, 30 cm.
Mauern, Ödland.
Blüht im Sommer.

Blüte

Wiesenkerbel, 60 cm.
Hecken, schattige Wiesen.
Blüht im Frühling.

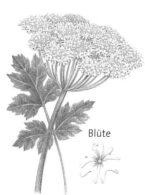

Blüte

Wiesenbärenklau, bis 1,50 m.
Wiesen, offene Felder. Giftig!
Blüht von Sommer bis Herbst.

Gänseblümchen, 10 cm.
Rasen, zwischen kurzem
Gras, Felder. Ganzjährig.

Blüte

Schafgarbe, 30 cm.
Wiesen. Blüht im
Sommer / Herbst.

TRACK 6
AUF DER WIESE
SUMPF-DOTTERBLUME
Weitere Infos auf CD!

Gelbe Blüten

Knolliger Hahnenfuß,
15 cm. Wiesen.
Blüht im späten Frühling.

Sumpfdotterblume,
15 cm. Feuchtwiesen.
Blüht im Frühling / Sommer.

Gelber Hornmohn, 60 cm.
Kiesstrände am Meer,
Ödland. Blüht im Sommer.

Kleiner Klappertopf, 30 cm.
Wiesen und Felder.
Blüht im Frühling / Sommer.

Wildkohl, 60 cm.
Felsen am Meer.
Blüht im Sommer.

Gänsefingerkraut, 5–20 cm.
Kriechend. Feuchte Wiesen.
Blüht im Frühling / Sommer.

Blüte

Echtes Labkraut, 80 cm.
Trockene Wiesen.
Blüht im Sommer.

Färber-Hundskamille, 30 cm.
Trockene, offene Böden,
Ödland. Blüht im Sommer.

Stechginster, bis 2,50 m.
Heiden, Wiesen.
Blüht im Frühling / Sommer.

Gewöhnliches Sonnenröschen,
bis 20 cm. Felsen, steinige
Wiesen. Blüht im Sommer.

Echtes Johanniskraut,
45 cm. Wiesen.
Blüht im Sommer.

Gelbe Teichrose,
10 cm. Teiche.
Blüht im Sommer.

Wildblumen bestimmen

Rosafarbene und rote Blüten

Sommer-Adonisröschen,
20 cm. Felder.
Blüht im Sommer/Herbst.

Kriechende Hauhechel,
30 cm. Trockene Wiesen.
Blüht im Sommer.

Gewöhnlicher Erdrauch,
30 cm. Ödland, Felder.
Blüht im Frühling/Sommer.

Gewöhnliches Seifenkraut,
60 cm. Wälder, Hecken,
Flussufer. Blüht im Sommer.

Kornrade, 70 cm.
Felder und Äcker. Blüht
im Frühling/Sommer.

Rote Spornblume, 60 cm.
Klippen, Mauern. Blüht
im Frühling/Sommer.

Drüsiges Springkraut,
70 cm. Bach- und Flussufer.
Blüht im Sommer/Herbst.

Bachnelkenwurz, 45 cm.
Feuchte, schattige Stellen.
Blüht im Frühling/Sommer.

Blutweiderich, 70 cm.
Feuchte Stellen, an Gewässern.
Blüht im Sommer.

Zottiges Weidenröschen,
70 cm. Feuchte Stellen.
Blüht im Sommer.

Waldziest, 45 cm.
Heckensäume, schattige
Stellen. Blüht im Sommer.

Ackerwinde,
bis 2 m. Ödland.
Blüht im Sommer.

Blaue und violette Blüten

TRACK 6
AUF DER WIESE
WIESEN-
SCHAUMKRAUT
Weitere Infos auf CD!

Ackerrittersporn, 20 cm.
Felder und Brachland.
Blüht im Sommer.

Kornblume, 45 cm.
Ödland, Felder.
Blüht im Sommer/Herbst.

Akelei, 30 cm.
Wald, Wiesen, Gebüsch.
Blüht im Frühling/Sommer.

Wiesenschaumkraut,
45 cm. Feuchte Stellen.
Blüht im Frühling/Sommer.

Natternkopf, 30 cm.
Trockene öde Stellen.
Blüht im Sommer.

**Rundblättrige Glocken-
blume**, 30 cm. Trockene
Wiesen. Blüht im Sommer.

Sumpfveilchen, 5 cm.
Moore, feuchte Wiesen.
Blüht im Frühling.

Flachs, 45 cm.
Trockene Wiesen. Blüht im
Frühling/Sommer.

Stranddistel, 30 cm.
Am Meer auf Sand und
Kies. Blüht im Sommer.

Vogelwicke, bis 1,50 m.
Hecken, Gebüsche.
Blüht im Sommer.

Wegwarte, 60 cm.
Wiesen und Ödland.
Blüht im Sommer.

Persischer Ehrenpreis,
bis 40 cm. Kriechend
auf Wiesen. Blüht von
Frühling bis Herbst.

Ein Herbarium anlegen

• TRACK 6 •
AUF DER WIESE
HERBARIUM
Weitere Infos auf CD!

Ein Pflanzenheft nennt man auch Herbarium. Willst du Wildblumen sammeln und ein Herbarium anlegen, hast du viele Gestaltungsmöglichkeiten. Du kannst Blumen und ihre Merkmale zeichnen, Blumen pressen, trocknen oder abpausen, aber auch Fotos aus Zeitschriften ausschneiden und einkleben. Wichtig bei allem ist eine exakte Beschriftung mit möglichst vielen detaillierten Informationen.

Blumen pressen

Lege die Blume zwischen zwei Löschpapierblätter und beschwere sie mit Büchern.

Ist die Blume getrocknet, lege sie in eine saubere Klarsichthülle.

Verschließe die Hülle und klebe sie mit Klebestreifen in dein Heft. Beschrifte alles mit Fundort, Tag, Blumennamen und Merkmalen.

Blätter abpausen

Sammle verschiedene Blätter und säubere sie. Decke das Blatt mit dünnem Papier ab und schraffiere mit einem Buntstift vorsichtig über die Fläche. Das fertige Blatt klebst du ein.

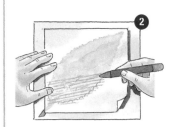

LAND

BÄUME

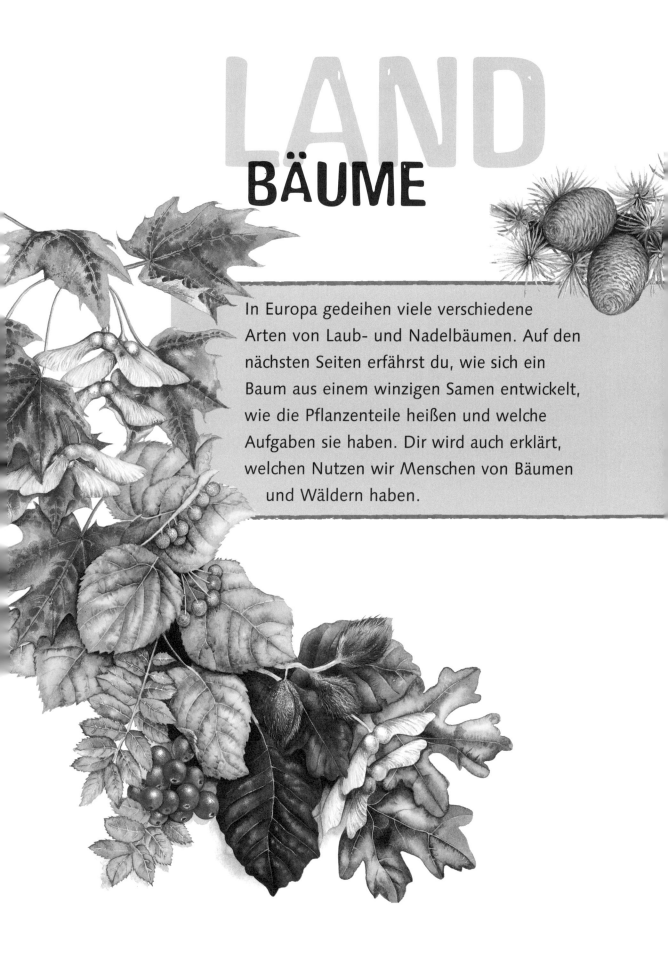

In Europa gedeihen viele verschiedene Arten von Laub- und Nadelbäumen. Auf den nächsten Seiten erfährst du, wie sich ein Baum aus einem winzigen Samen entwickelt, wie die Pflanzenteile heißen und welche Aufgaben sie haben. Dir wird auch erklärt, welchen Nutzen wir Menschen von Bäumen und Wäldern haben.

Merkmale von Bäumen

Bäume sind Pflanzen mit kräftigem Stamm und einer Mindesthöhe von sechs Metern. Sträucher sind kleiner und sie verzweigen sich kurz über dem Boden. Je nach Jahreszeit findest und nutzt du verschiedene Erkennungszeichen zur Bestimmung eines Baumes.

BESTIMMUNGS-MERKMALE

Rinde, Knospen, Blüten und **Früchte** der Bäume unterscheiden sich zum Teil stark voneinander und sind eine wertvolle Hilfe bei der Bestimmung eines Baumes.

Wichtige Hinweise liefern vor allem die **Blätter**. An ihrer Form lassen sich die Bäume auch den beiden großen Gruppen der Laub- und Nadelbäume zuordnen.

Zum typischen Erscheinungsbild eines Baumes gehört auch seine **Wuchsform**.

Laubbäume

Rotbuche (Frühling)

Stieleiche (Sommer)

Linde (Winter)

· TRACK 7 ·
IM WALD
BUCHE
Weitere Infos auf CD!

Japanischer Fächerahorn (Herbst)

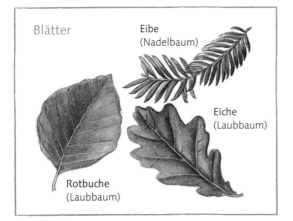

Blätter

Eibe (Nadelbaum)

Eiche (Laubbaum)

Rotbuche (Laubbaum)

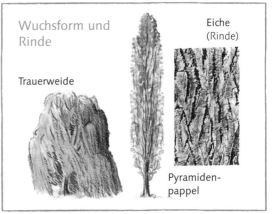

Wuchsform und Rinde

Eiche (Rinde)

Trauerweide

Pyramiden-pappel

Nadelbäume

Palmen

Waldkiefer

Gemeine Fichte

Europäische Lärche (im Sommer)

Palmblatt

Zapfen und Nadeln

Europäische Lärche (im Winter)

Kanarische Dattelpalme

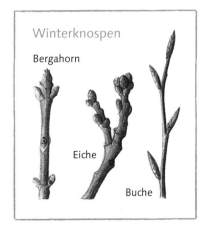

Winterknospen

Bergahorn

Eiche

Buche

Blüten

Haselnuss

Gemeine Fichte

Tulpenbaum

Früchte und Samen

Rosskastanie Frucht

Waldkiefer Zapfen

• TRACK 7 •
IM WALD
ROSS-
KASTANIE
Weitere Infos auf CD!

Blätter

Der grüne Farbstoff in den Blättern, das Chlorophyll, nutzt das Sonnenlicht, um das Gas Kohlendioxid aus der Luft aufzunehmen, es zu Nährstoffen zu verarbeiten und später Sauerstoff an die Luft abzugeben. Diese Umwandlung heißt Fotosynthese.

Bestandteile eines Blattes
Ein Blatt besteht aus **Blattspreite**, **Blattstiel** und **Blattgrund**. Als Blattgrund bezeichnet man die Verdickung am Anfang des Blattstiels. Der Stiel hält das Blatt am Baum und setzt sich als Hauptnerv oder **Mittelrippe** im Blatt fort. Der Hauptnerv verzweigt sich in ein dichtes **Netz feinster Adern**, welche die Blattspreite mit Wasser und Nährstoffen versorgen und gleichzeitig das Blatt straff spannen. Die Blätter der meisten Laubbäume sind flach, damit sie viel Licht empfangen können. Die schmalen Blätter der Nadelbäume können weniger Licht aufnehmen, verdunsten aber auch weniger Wasser.

Weißpappel

Unterseite

vergrößerte Adern der Blattunterseite

Blätter der Nadelbäume
Viele Nadelbäume haben harte, nadelartige Blätter. Bei der **Korsischen Kiefer** werden sie paarweise zusammengefasst, bei der **Atlaszeder** sind sie zu Büscheln angeordnet. Die Nadeln der **Fichte** stehen einzeln rund um den Ast. Andere Nadelbäume, wie die **Scheinzypresse**, haben schuppenartige, sich überlappende Blätter.

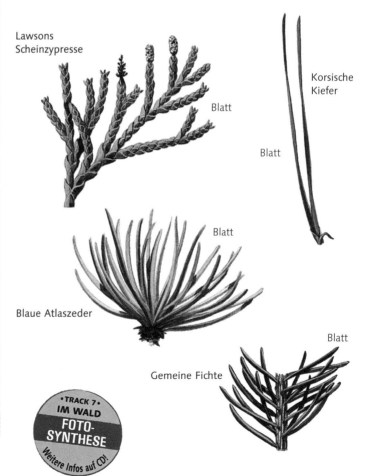

Lawsons Scheinzypresse

Korsische Kiefer

Blatt

Blatt

Blatt

Blaue Atlaszeder

Blatt

Gemeine Fichte

• TRACK 7 •
IM WALD
FOTO-SYNTHESE
Weitere Infos auf CD!

Blätter von Laubbäumen

Laubblätter können verschiedene Formen haben. Einfache oder ungeteilte Blätter haben eine geschlossene Fläche. Bei den sogenannten Fiederblättern der **Esche** oder der **Rosskastanie** setzt sich die Blattfläche aus einzelnen Teilblättchen, den Fiedern, zusammen. Am Stielansatz einfacher wie gefiederter Blätter sitzt eine Knospe.

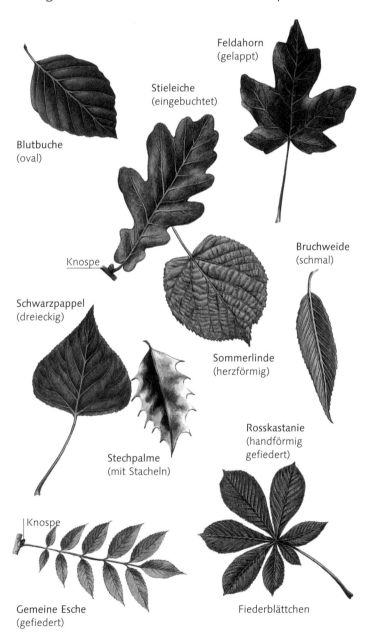

Feldahorn
(gelappt)

Stieleiche
(eingebuchtet)

Blutbuche
(oval)

Knospe

Bruchweide
(schmal)

Schwarzpappel
(dreieckig)

Sommerlinde
(herzförmig)

Stechpalme
(mit Stacheln)

Rosskastanie
(handförmig
gefiedert)

Knospe

Gemeine Esche
(gefiedert)

Fiederblättchen

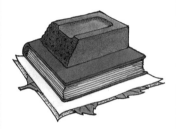

Blüten, Früchte und Samen

Alle Bäume bilden Blüten. Werden sie befruchtet, entwickeln sich Früchte und Samen. Aufgabe der Frucht ist es, den Samen zu schützen und für seine Verbreitung zu sorgen.

Zapfen der Nadelbäume

Nach der Befruchtung werden die Schuppen hart und schließen sich. Sind die Samen reif, öffnet sich der Zapfen und die Samen flattern heraus. Oft bleiben die Zapfen ein Jahr auf dem Baum, manchmal dauert die Reife sogar zwei Jahre.

Blüten
Die **Japanische Kirsche** trägt prächtige, zweigeschlechtliche Blüten, die von Insekten bestäubt werden.

Staubblätter

Narbe

Die **Europäische Lärche** hat sowohl weibliche als auch männliche Blüten. Der Wind trägt die Pollen weiter.

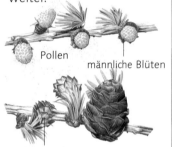

Pollen

männliche Blüten

weibliche Blüten

Weiden haben entweder nur männliche oder nur weibliche Blüten, die vom Wind bestäubt werden.

weibliche Blüten

männliche Blüten

Pollen

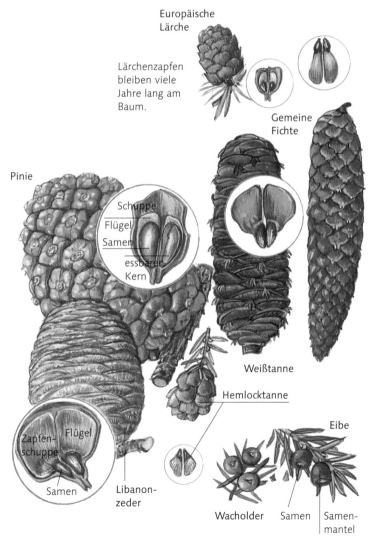

Europäische Lärche

Lärchenzapfen bleiben viele Jahre lang am Baum.

Gemeine Fichte

Pinie

Schuppe

Flügel

Samen

essbarer Kern

Weißtanne

Hemlocktanne

Eibe

Zapfenschuppe

Flügel

Samen

Libanonzeder

Wacholder

Samen

Samenmantel

Früchte von Laubbäumen

Laubbäume bilden eine Vielzahl von Früchten aus.
Saftige Früchte und Beeren werden von Tieren gefressen. Diese scheiden die Samen unverdaut aus
und tragen sie so weiter. Bei Nüssen muss erst die
harte äußere Schale aufbrechen, ehe die Samen frei
werden. Bei der **Robinie** liegen die Samen in
länglichen, sehr feinen Hülsen.

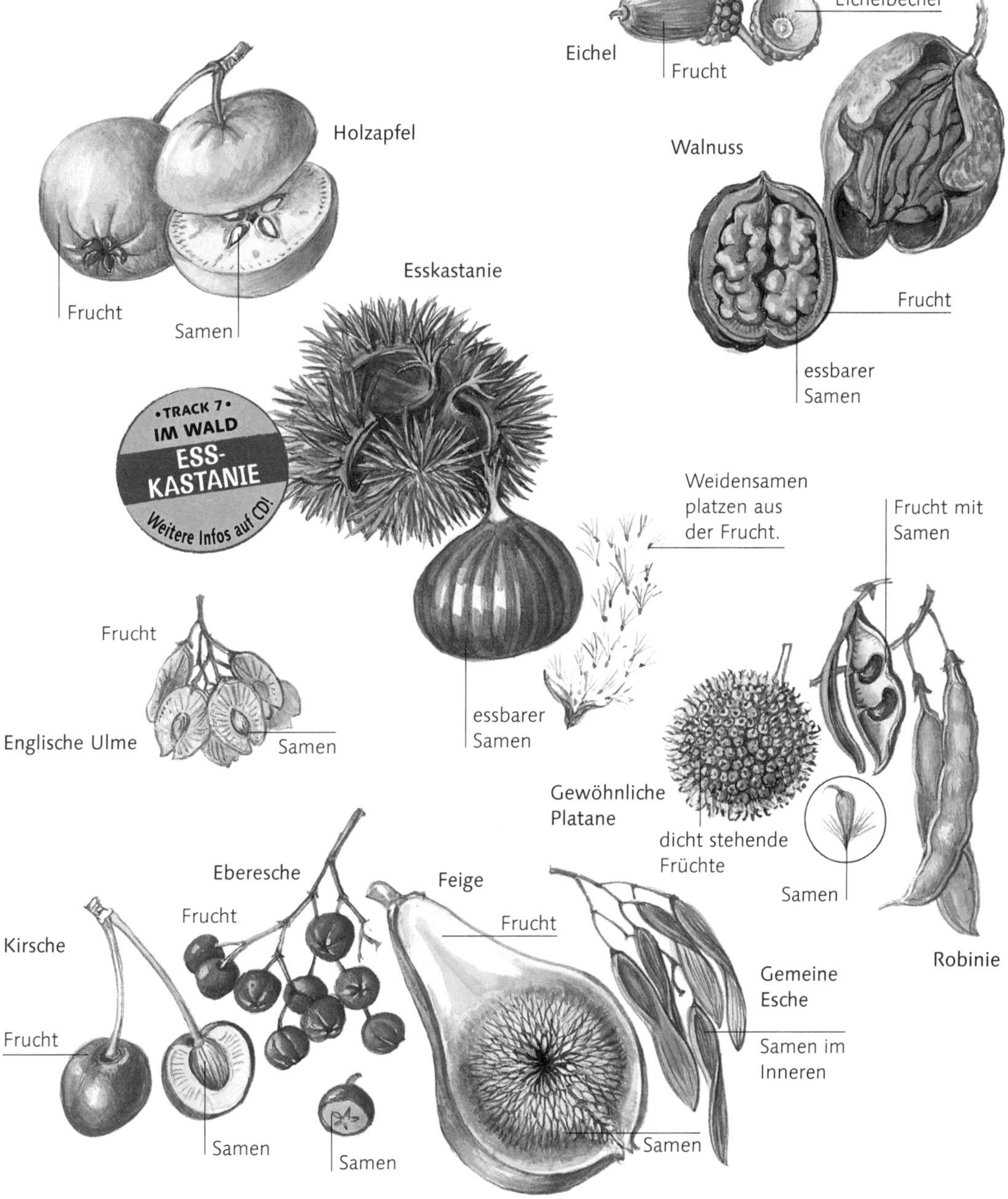

Samen

Eichelbecher

Eichel

Frucht

Holzapfel

Walnuss

Frucht

Samen

Esskastanie

Frucht

essbarer
Samen

TRACK 7
IM WALD
ESS-
KASTANIE
Weitere Infos auf CD!

Weidensamen
platzen aus
der Frucht.

Frucht mit
Samen

Frucht

Englische Ulme

Samen

essbarer
Samen

Gewöhnliche
Platane

Samen

Eberesche

Feige

dicht stehende
Früchte

Frucht

Robinie

Kirsche

Frucht

Frucht

Gemeine
Esche

Frucht

Samen im
Inneren

Samen

Samen

Samen

91

Winterknospen

Fast alle Laubbäume sind im Winter blattlos und kahl. Trotzdem sind sie bestens für den Frühling gerüstet, denn in ihren Knospen sind bereits Blätter, Triebe und teilweise sogar Blüten für das neue Jahr angelegt.

Dies ist der dreijährige Zweig einer **Rosskastanie**. Sein Alter bestimmt man an der Zahl der Blattknoten. Die Rosskastanie hat große braune Endknospen, die kleineren Blattknospen stehen sich paarweise gegenüber. Die Knospenschuppen werden von einem harzähnlichen, klebrigen Überzug geschützt.

In der Endknospe ist der Trieb für das nächste Jahr angelegt.

Diese Seitenknospe entwickelt sich nur dann zu einem Zweig, wenn die Endknospe beschädigt wird.

Blattknoten des Vorjahres

Hier befand sich die Endknospe des Vorjahres.

Dieser Seitenzweig ist 2 Jahre alt.

Aus diesen Knospen entwickeln sich die Blätter.

Wachstum eines Jahres

zweijähriger Zweig der **Gemeinen Fichte**

Endknospe

Hier saßen die Knospen des Vorjahres.

Dieser Zweig ist nicht voll ausgewachsen.

Blütenstand

Knospenschuppen

Blatt

Schneidet man die Endknospe der Länge nach auf, erkennt man die zusammengefalteten Blätter und den Blütenstand.

Zweige im Winter

Wenn du Zweige in ein warmes Zimmer stellst, kannst du sie „zwingen", ihre Knospen schon im Winter oder Vorfrühling zu öffnen. Am besten eignen sich dafür die Zweige von Rosskastanien, Birken, Weiden und Forsythien. Schneide die Zweige mit einer Gartenschere ab. Brich sie auf keinen Fall ab! Es kann einige Wochen dauern, bis sich die Knospen öffnen.

Willst du Bäume anhand
ihrer Winterknospen be-
stimmen, gehe bei deinen
Beobachtungen folgende
Frageliste durch:

1. Stehen die Knospen
gegenständig oder
wechselständig am
Zweig?
2. Welche Farbe haben
Knospen und Zweig?
3. Welche Form hat der
Zweig?
4. Sind die Knospen rund-
lich oder zugespitzt?
5. Sind die Knospen mit
Haaren oder Schuppen
bedeckt und wie viele
Schuppen sind es?
6. Sind die Schuppen
klebrig?

Gemeine Esche. Glatter, grauer Zweig;
große, schwarze, gegenständige Knospen.

Gewöhnliche Platane. Wechselständige, kegelförmi-
ge Knospen; deutlich sichtbare, ringförmige Knoten.

männliche Kätzchen

weibliche Blüten

Schwarzerle. Wechselständige, gestielte, purpurne
Knospen; häufig mit männlichen Kätzchen.

Walnuss. Dicker, hohler Zweig; große,
schwarze, samtige, wechselständige Knospen.

Weide. Schlanker Zweig; wechselständige,
dem Zweig angedrückte Knospen.

Zerreiche. Dicht stehende, wechselständige
Knospen mit langer Behaarung.

Weißpappel. Zweige und wechselständige
Knospen wirken mehlig bestäubt.

Rotbuche. Schlanker Zweig;
wechselständige, zugespitzte,
nach außen weisende, braune Knospen.

Esskastanie. Knorriger Zweig; große, rötliche,
wechselständige Knospen.

Magnolie. Riesige, pelzige, graugrüne Knospen.

Bergahorn. Große, grüne, gegenständige Knospen; die Schuppen haben einen dunklen Rand.

Wachstum von Bäumen

Ein Baum bildet Jahr für Jahr neue Zweige. Auch der Stamm legt einen Jahresring zu, wird dicker und kann so das höhere Gewicht seiner Äste tragen. Die Wurzeln wachsen tiefer und werden kräftiger. Kaum zu glauben, dass jeder Baum seinen Lebensweg als kleines Samenkorn beginnt.

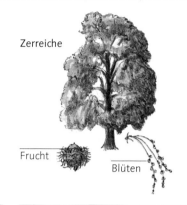

Zerreiche

Frucht

Blüten

Jahresringe

Das Alter eines Baumes findest du heraus, wenn du die Jahresringe auf seinem Stammquerschnitt zählst. Wie du hier erkennen kannst, lassen sich die dunklen Spätholzringe am besten zählen.
Auch Äste und Zweige besitzen Jahresringe. Schneide einen Ast direkt am Ansatz ab und zähle seine Ringe. Danach zählst du die Blattknoten. Stimmen die beiden Werte überein?

Keimung

Erster Frühling

Samen

Keimwurzel

Das Leben eines Baumes beginnt im Frühling. Aus dem Samen wächst die Keimwurzel.

Erster Sommer

Blätter

Keimblätter

Bald öffnet sich die Knospe und die beiden ersten, richtigen Blätter breiten sich aus.

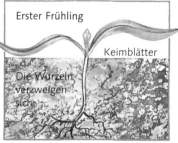

Erster Frühling

Keimblätter

Die Wurzeln verzweigen sich.

Der Spross durchbricht die Erde und streckt seine Keimblätter ins Licht. Dazwischen wächst eine Knospe.

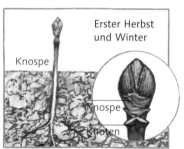

Erster Herbst und Winter

Knospe

Knospe

Knoten

Im Herbst fällt das Laub ab. An den Ansatzstellen bleibt ein Knoten zurück.

Knospen

Im zweiten Frühling öffnet sich die Knospe und zwei neue Blätter treiben aus. Im Herbst fallen die Blätter ab und lassen erneut Knoten zurück.

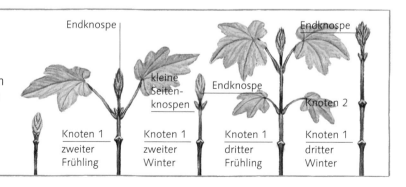

Endknospe

kleine Seitenknospen

Endknospe

Endknospe

Knoten 2

Knoten 1
zweiter
Frühling

Knoten 1
zweiter
Winter

Knoten 1
dritter
Frühling

Knoten 1
dritter
Winter

• TRACK 7 •
IM WALD
DEIN EIGENER
BAUM
Weitere Infos auf CD!

Das brauchst du:
Blumentöpfe
Steine
Plastiktüten
Kordel oder Gummiband
Blumenerde

Das kannst du pflanzen:
Bergahorn
Esskastanie
Eichel
Apfel- oder
Orangenkerne

ZIEHE DEINEN EIGENEN BAUM

Sammle reife Samen und ziehe deinen eigenen Baum. Es dauert unterschiedlich lange, bis ein Samen keimt. Eine Eichel braucht etwa zwei Monate. Manche Samen, wie die von Nadelbäumen, müssen mindestens ein Jahr in der Erde liegen.

1. Weiche Eicheln oder Nüsse über Nacht in warmem Wasser auf. Entferne die äußere Hülle.
2. Lege in den Blumentopf einige Steinchen und fülle ihn zu zwei Dritteln mit Blumenerde auf. Gieße die Erde, dass sie feucht, aber nicht zu nass ist.
3. Lege eine Eichel oder einen anderen Samen auf die Erde und bedecke diese mit etwas Erde.
4. Stülpe eine Plastiktüte über den Topf und befestige sie mit Gummi oder Kordel.
5. Entferne die Tüte, sobald der Keimling erscheint. Gieße regelmäßig. Die Erde darf nicht austrocknen. Stelle den Keimling im Sommer ins Freie an einen windgeschützten Platz.
6. Pflanze das Bäumchen im Herbst aus.

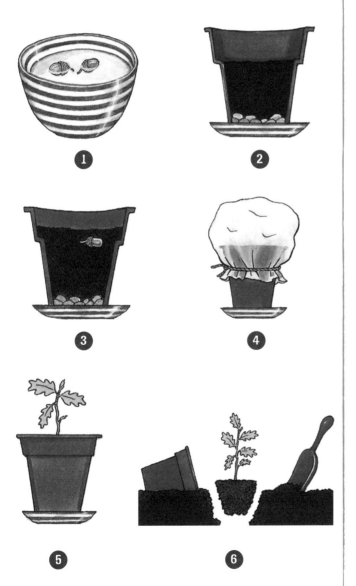

Forstwirtschaft und Holz

Bäume und Wälder dienen den Menschen als Holzlieferant sowie als Schutz- und Erholungsraum. Doch jeder Wald muss von Förstern und Waldarbeitern gepflegt werden. Dort, wo Bäume gefällt werden, weil sie für die Holz- und Papierindustrie oder als Brennholz gebraucht werden, oder weil sie krank sind, muss der Baumbestand stets durch neue Bäumchen ersetzt werden.

Waldpflege

• TRACK 7 •
IM WALD
WALDPFLEGE
Weitere Infos auf CD!

Querschnitt durch einen etwa 40 Jahre alten Baum

Der größte Feind eines Waldes ist das Feuer. Viele Brände entstehen durch Lagerfeuer oder weggeworfene Zigaretten.

Unkrautvernichtungsmittel und Dünger können aus der Luft gesprüht werden.

Gefällte Bäume werden in Sägemühlen gebracht, wo sie zu Brettern verarbeitet werden.

Der Wald wird regelmäßig durchgeforstet. Schwächere Bäume werden entfernt, damit die stärkeren mehr Licht und Platz bekommen.

Ausgewachsene Eichen werden nach 150 Jahren, Nadelbäume nach etwa 70 Jahren gefällt.

Waldarbeiter entfernen abgestorbene und tiefe Äste.

Holzwirtschaft

Das Holz der einzelnen Baumarten unterscheidet sich in Farbe, Maserung und Stabilität. Deshalb wird es für verschiedene Zwecke genutzt. Das Weichholz der Nadelbäume wird zu Bauholz und Papier verarbeitet. Aus dem Hartholz der Laubbäume stellt man Möbel her. Vorher müssen die eingeschlagenen Baumstämme eine Reihe von Prozessen durchlaufen.

Starkes Holz für Baumaterial stammt aus dem Kern.

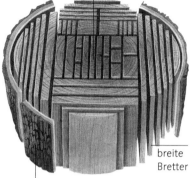

breite Bretter

Borke und Holzabfälle werden zu Papier verarbeitet.

mit der Maserung

quer zur Maserung

Basis eines Astes

Astknoten im Brett

Längsschnitt durch den Stamm

Lufttrocknung: Luft kann zwischen den Brettern zirkulieren.

Schneidet man ein Brett aus dem Stamm heraus, erscheinen die Jahresringe als längs verlaufende gerade oder gewellte Linien. Dieses Muster nennt man **Maserung**.

In vielen Brettern sieht man rundliche, dunklere Stellen. Solche **Astknoten** sind Schnitte durch Seitenzweige, die in jedem wachsenden Baumstamm verbleiben.

Frische Bretter enthalten viel Wasser. Es ist wichtig, dass Holz vor der Verarbeitung an der Luft oder in einer Trockenkammer getrocknet und **gelagert** wird.

Holzverarbeitung

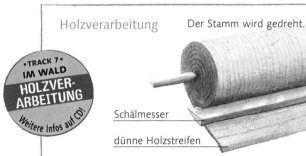

Der Stamm wird gedreht.

Die dünnen Holzschichten werden verleimt.

Maserung

Maserung

Maserung

• TRACK 7 •
IM WALD
HOLZVER-
ARBEITUNG
Weitere Infos auf CD!

Schälmesser

dünne Holzstreifen

Sperrholz

Heute wird Massivholz in der Möbelindustrie kaum noch verwendet. Bearbeitetes Holz, wie zum Beispiel Sperrholz, besteht aus mehreren Holzschichten, die mit einem Schälmesser von einem sich drehenden Stamm abgezogen werden. Die Holzschichten werden so verleimt, dass ihre Maserungen senkrecht zueinander laufen. Sperrholz ist stärker als normales Holz und wellt sich nicht.

Lebensraum Wald

Der Wald schützt Pflanzen und Tiere vor Regen, Wind und Sonne und liefert den Tieren Nahrung sowie Unterschlupf. Für den Menschen ist der Wald wichtig, denn Bäume produzieren Sauerstoff und filtern Staub und Ruß aus der Luft.

Der Nadelwald
Das immergrüne Kleid der Nadelbäume lässt auch im Winter nur sehr wenig Licht an den Waldboden dringen.

Baummarder

Eichhörnchennest (Kobel)

Nest der Waldohreule

Buntspecht

Waldohreule

Rothirsche

Fichtenkreuz-schnabel

Adlerfarn

Fichtenzapfen

Fuchs

Birkhuhn

Ameisenhaufen

Wurmfarn

Wintergold-hähnchen

Zimmermanns-bock

Fliegenpilz

Waldbaumläufer

Eichhörnchen

Schwarze Nacktschnecke

Flechten

Der Laubwald
Weil Laubbäume ihre Blätter im Herbst abwerfen, erreicht das Sonnenlicht auch den Waldboden. In Laubwäldern gibt es deshalb viele Tiere und Pflanzen.

Mistel

Kleiber

Grünspecht

Saatkrähe im Nest

Braunes Langohr (im Baum)

Baumpilz

Waldkauz

Blaumeise

Eiche

Buschwindröschen

Reh

Kaninchen

Dachs

Hasenglöckchen

Efeu

Fasan

Igel

Waldspitzmaus

Wiesenprimel (Schlüsselblume)

Moos

Erdkröte

Regenwurm

Waldbrettspiel

Hirschkäfer

Viele Bäume werden von Insekten und Pilzen befallen. Treten Insekten in Massen auf, können sie einen Baum oder ganze Wälder schwer schädigen. Manche Pilze vermögen es, einen Baum vollständig zu zerstören und zu töten.

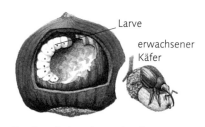

Larve

erwachsener Käfer

Haselnussbohrer legen ihre Eier in Nüsse. Dort wachsen die Larven.

Die Raupen der **Woll-raupenspinner** spinnen „Zelte" aus Seide zwischen die Zweige.

Fichtengallläuse bohren Pflanzen an und saugen ihren Saft. Die Gallen sehen aus wie eine Ananas.

Eichenwickler

Kiefernschwärmer

Blattroller rollen ein Blatt schützend über sich.

Minierfliegen graben Gänge durch die Blätter.

Kiefernspanner

Rinde und Holz

Der **Kieferbe-standsrüssler** reißt die Rinde von neu gepflanzten Kiefern ab.

Dieser **Konsolenpilz** verursacht die Kernfäule von Nadelbäumen. Er greift das Innere von Bäumen an.

Der **Weiße Rost** ist ein Pilz, der Schwellungen in Stämmen und Ästen von Nadelbäumen verursacht.

Suche auf der Rinde von Bäumen nach **Schalenschildläusen**. Sie saugen Saft aus dem Baum.

Der **Hallimasch** greift die Wurzeln vieler Bäume an. Im Herbst erscheint er an der Basis befallener Bäume.

Verletzungen

Manchmal werden Bäume verletzt. Hirsche schaben an Rinden, um den Bast von ihren neuen Geweihen zu entfernen. Eichhörnchen, Erdmäuse und Kaninchen fressen die Rinde junger Bäume oder Blitzschläge hinterlassen tiefe Risse.

Ein Hirsch hat die Rinde abgeschabt.

Erdmäuse haben die Rinde abgenagt.

Ein Blitz hat in den Baum eingeschlagen.

• TRACK 7 •
IM WALD
BAUM-
VERLETZUNG
Weitere Infos auf CD!

Heilung

Wird ein Ast mit einem glatten Schnitt entfernt, bildet sich am Wundrand eine neue, ringförmige Rinde. Ist dieser Wundverschluss zugewachsen, können keine Pilze und Schädlinge mehr eindringen. Wurde jedoch die Rinde rund um den Stamm entfernt, stirbt der Baum ab.

frischer Schitt

3 Jahre später

6 Jahre später

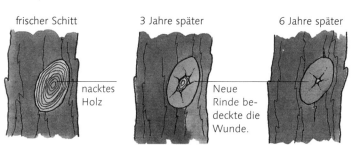

nacktes Holz

Neue Rinde bedeckte die Wunde.

Gallen

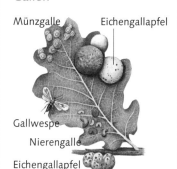

Münzgalle   Eichengallapfel

Gallwespe

Nierengalle

Eichengallapfel

Manche Insekten legen ihre Eier in Blättern oder Sprossen ab. Um das Ei herum bildet die Pflanze eine Art Schwellung, die sogenannte Galle. Später fressen die Larven das Innere der Galle.

Im Sommer kannst du Eichengalläpfel sammeln. Achte darauf, dass sie kein Loch haben, denn dann ist die Wespe bereits geschlüpft. Lege das Blatt mit den Gallen in ein Glas und verschließe es mit einem Tuch. Nach etwa einem Monat schlüpft die Wespe.

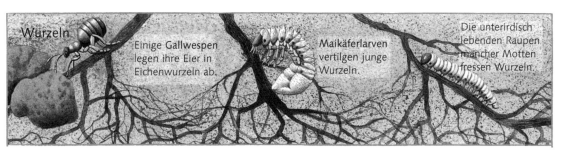

Wurzeln

Einige Gallwespen legen ihre Eier in Eichenwurzeln ab.

Maikäferlarven vertilgen junge Wurzeln.

Die unterirdisch lebenden Raupen mancher Motten fressen Wurzeln.

Bäume untersuchen

Dein Baum

Untersuche, wie sich ein Baum im Jahreslauf verändert und lege ein Baumtagebuch an. Wähle einen Baum aus, den du leicht und regelmäßig erreichen kannst. Schreibe auf, wie er heißt, wann seine ersten Blätter austreiben, wann und wie er blüht und Früchte bildet und wann er im Herbst die Blätter abwirft. Auch Fotos und gepresste Blätter oder Früchte kannst du einkleben.

Das kannst du gut gebrauchen:

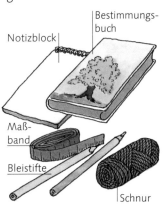

Bestimmungsbuch

Notizblock

Maßband

Bleistifte

Schnur

Du kannst dich auf vielfältige Weise mit Bäumen beschäftigen: Entweder du untersuchst einen bestimmten Baum und seine Standortfaktoren besonders gründlich, oder du widmest dich mehreren Bäumen deiner Umgebung, um den Baumbestand zu kartieren.

Borke und Gestalt

Nicht nur Blätter, Früchte oder Samen geben dir Aufschluss über die Baumart. Auch Rinde und Borke sowie die Wuchsform helfen dir bei der Bestimmung. Die Gestalt eines Baumes hängt von der Anordnung seiner Äste am Stamm ab. Schau dazu auch auf Seite 108 nach. Die Rindenschicht umhüllt Stamm und Äste eines Baumes. Sie sorgt dafür, dass er nicht austrocknet, nicht von Insekten befallen wird und dass die Temperatur gleich bleibt.

Hängebirke · Stieleiche · Waldkiefer · Rotbuche

Geformte Bäume

Einzelbaum · dicht stehende Bäume · dem Wind ausgesetzter Baum

Faktoren wie Wind, Licht oder Klima beeinflussen das Wachstum eines Baumes. Ist dein Baum einer, der einzeln steht und so genug Licht und Nährstoffe zur Entfaltung bekommt? Oder ist es ein Baum, der innerhalb eines Waldes mit anderen Baumarten konkurriert? Wird der Baum gar von starken Winden zu einer krummen Haltung gezwungen?

Eine Karte zeichnen

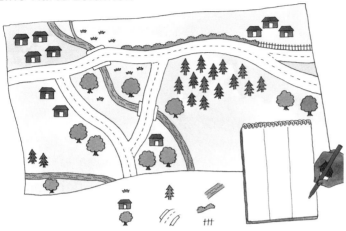

Willst du den Baumbestand in deiner Umgebung ermitteln, musst du das Gelände zuerst festlegen. Bestimme dann alle vorkommenden Baumarten und notiere jeweils die Anzahl und den Standort. Symbole und Nummerierungen vereinfachen deine Darstellung.

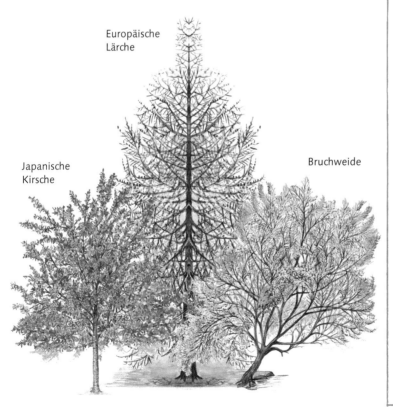

Europäische Lärche

Japanische Kirsche

Bruchweide

Laubhumus besteht aus toten und verrottenden Blättern, zwischen denen viele Tiere leben. Um sie aufzuspüren, brauchst du einen großen Trichter.

Setze den Trichter auf ein größeres Glas und umklebe das Glas mit schwarzem Papier. In den Trichter füllst du nun feuchten Laubhumus. Stelle Glas und Trichter unter eine Lampe und schalte sie ein. Warte einige Stunden: Die Tiere, die sich im Laub aufhalten, flüchten vor der Helligkeit und Hitze in das Glas.

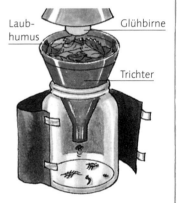

Laubhumus

Glühbirne

Trichter

Nun kannst du sie auf einen Teller legen und untersuchen.

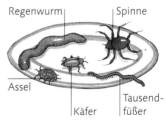

Regenwurm

Spinne

Assel

Käfer

Tausendfüßer

Bäume bestimmen

Nadelbäume

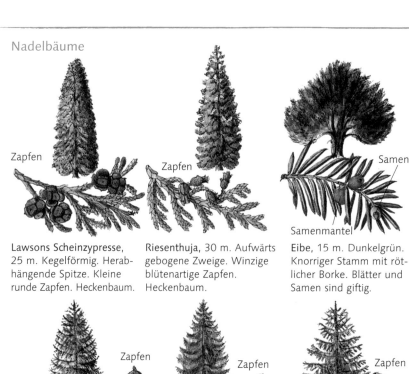

Zapfen

Lawsons Scheinzypresse,
25 m. Kegelförmig. Herab-
hängende Spitze. Kleine
runde Zapfen. Heckenbaum.

Zapfen

Riesenthuja, 30 m. Aufwärts
gebogene Zweige. Winzige
blütenartige Zapfen.
Heckenbaum.

Samen

Samenmantel

Eibe, 15 m. Dunkelgrün.
Knorriger Stamm mit röt-
licher Borke. Blätter und
Samen sind giftig.

Zapfen

Hemlocktanne, 35 m.
Zweige und Spitzen hängen
herab. Kleine Zapfen. Unterschiedlich lange Nadeln.

Zapfen

Gemeine Fichte, 30 m.
Weihnachtsbaum. Lange,
herabhängende Zapfen.
Parks, Gärten, Wälder.

Zapfen

Douglasie, 40 m.
Herabhängende struppige
Zapfen. Tief gefurchte
Borke. Wichtiger Nutzbaum.

Zapfen

Weißtanne, 40 m. Große
aufrecht stehende Zapfen
in der Baumspitze.
Häufiger Parkbaum.

Blatt

Zapfen

Waldkiefer, 35 m. Unregel-
mäßige Krone. Nackter
Stamm mit schuppiger
Borke. Häufiger Waldbaum.

Zapfen

Korsische Kiefer, 36 m.
Rundlicher, als die Waldkiefer. Lange, dunkelgrüne Nadeln. Dunkelbraune Borke.

Zapfen

Blaue Atlaszeder, 25 m.
Breite Krone. Aufrechte,
fassförmige Zapfen.
Blaugrüne Nadeln. Parks.

Zapfen

Europäische Lärche, 38 m.
Eiförmige aufrechte Zapfen.
Die weichen Nadeln wer-
den im Winter abgeworfen.

Zapfen

Japanische Lärche, 35 m.
Aufrechte Zapfen, orangefarbene Zweige. Nadeln werden
im Winter abgeworfen.

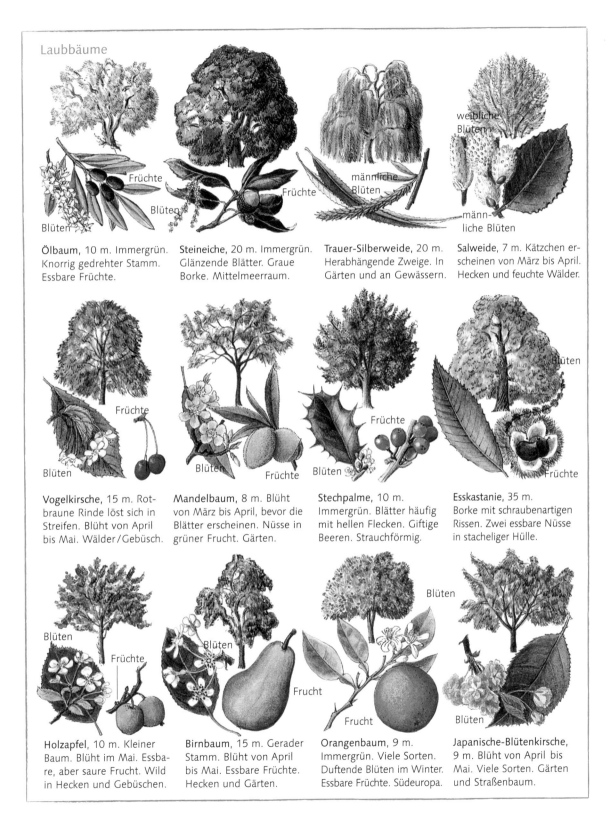

Laubbäume

Ölbaum, 10 m. Immergrün. Knorrig gedrehter Stamm. Essbare Früchte.

Blüten / Früchte / Blüten

Steineiche, 20 m. Immergrün. Glänzende Blätter. Graue Borke. Mittelmeerraum.

Früchte / Blüten

Trauer-Silberweide, 20 m. Herabhängende Zweige. In Gärten und an Gewässern.

männliche Blüten / Früchte

Salweide, 7 m. Kätzchen erscheinen von März bis April. Hecken und feuchte Wälder.

weibliche Blüten / männliche Blüten

Vogelkirsche, 15 m. Rotbraune Rinde löst sich in Streifen. Blüht von April bis Mai. Wälder / Gebüsch.

Früchte / Blüten

Mandelbaum, 8 m. Blüht von März bis April, bevor die Blätter erscheinen. Nüsse in grüner Frucht. Gärten.

Blüten / Früchte

Stechpalme, 10 m. Immergrün. Blätter häufig mit hellen Flecken. Giftige Beeren. Strauchförmig.

Früchte / Blüten

Esskastanie, 35 m. Borke mit schraubenartigen Rissen. Zwei essbare Nüsse in stacheliger Hülle.

Blüten / Früchte

Holzapfel, 10 m. Kleiner Baum. Blüht im Mai. Essbare, aber saure Frucht. Wild in Hecken und Gebüschen.

Blüten / Früchte

Birnbaum, 15 m. Gerader Stamm. Blüht von April bis Mai. Essbare Früchte. Hecken und Gärten.

Blüten / Frucht

Orangenbaum, 9 m. Immergrün. Viele Sorten. Duftende Blüten im Winter. Essbare Früchte. Südeuropa.

Blüten / Frucht

Japanische-Blütenkirsche, 9 m. Blüht von April bis Mai. Viele Sorten. Gärten und Straßenbaum.

Blüten

Bäume bestimmen

Laubbäume

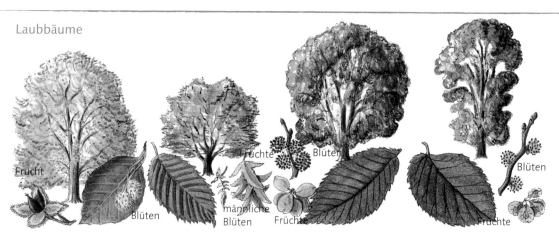

Rotbuche, 25 m. Glatte, raue Rinde. Bucheckern als Früchte. Laubwälder.

Hainbuche, 10 m. Glatter, grauer, verdrehter Stamm. Geflügelte Früchte. Hecken.

Bergulme, 20 m. Runde, regelmäßige Krone. Häufig in Parks.

Englische Ulme, 30 m. Hohe, schmale Krone. Oft unregelmäßig geformt. Nur in England.

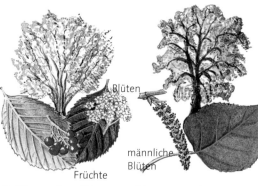

Mehlbeere, 8 m. Blattunterseite weiß. Blüht im Mai/Juni. Saure, rote Beeren.

Schwarzpappel, 25 m. Dunkler Stamm, oft sehr knorrig. Häufig in Stadtparks.

Hängebirke, 15 m. Herabhängende Zweige. Weiße Rinde. Heiden/Gebirge.

Schwarzerle, 12 m. Zapfenartige Früchte bleiben im Winter hängen.

Sommerlinde, 25 m. Herzförmige Blätter. Parks und Gärten. Stark duftende Blüten.

Zerreiche, 25 m. Knospen sind mit langen Haaren besetzt. Behaarte Eichelbecher. Rissige Borke.

Stieleiche, 23 m. Weit ausgebreitete Äste. Unregelmäßige Krone. Meist Einzelbäume.

Weißpappel, 20 m. Blattunterseiten weiß behaart. Borke weißgrau mit Rautenmuster.

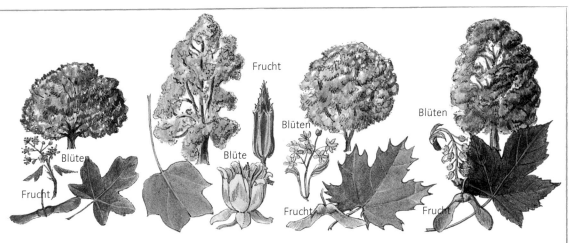

Feldahorn, 10 m. Rinde mit schmalen Rissen. Geflügelte Früchte. Wälder.

Tulpenbaum, 20 m. Tulpenähnliche Blüten. Aufrechte Früchte. Gärten / Parks.

Spitzahorn, 15 m. Flügel der Früchte im stumpfen Winkel. Parks / Straßen.

Bergahorn, 20 m. Flügel der Frucht im spitzen Winkel. Parks / Straßen.

Gewöhnliche Platane, 30 m. Rinde unter den Platten weißlich. Die stacheligen Früchte bleiben im Winter hängen.

Feige, 6 m. Blüten im Inneren der Frucht. Nur in sehr milden Regionen. Mittelmeerraum.

Rosskastanie, 25 m. Handförmig gefiederte Blätter. Aufrechte Blütenstände. Blüht im Mai.

Goldregen, 7 m. Gefiederte Blätter. Blüte Mai bis Juni. Giftige Samen! Gärten und Parks.

Robinie, 20 m. Gefiederte Blätter. Gefurchte Zweige mit Dornen. Herabhängende Blütenstände. Gärten / Parks.

Walnuss, 15 m. Gefiederte Blätter. Tief eingerissene Borke. Essbare Nüsse im Innern der grünen Frucht.

Eberesche, 7 m. Gefiederte Blätter. Blüht im Mai. Saure, orangefarbene Beeren.

Gemeine Esche, 25 m. Gefiederte Blätter. Schmale, geflügelte Früchte. Wälder / Parks.

Bäume im Winter

Jeder Baum hat seine eigene, unverwechselbare Gestalt. Obwohl viele Faktoren das Wachstum und Aussehen eines Baumes beeinflussen, gleichen sich Bäume der gleichen Art in ihrer Wuchsform. Die Anordnung der Äste am Stamm und der Wuchs der Zweige bestimmen die Gestalt. Im Winter kannst du die Wuchsformen von Laubbäumen am besten erkennen, auch wenn es manchmal schwierig ist, einen Baum von oben bis unten zu betrachten.

Hängebirke

Pyramidenpappel

Trauerweide

Waldkiefer

Englische Ulme

Stieleiche

Sommerlinde

Gemeine Fichte

GARTEN

Gärten sind von Menschen geschaffene
Rückzugs- und Erholungsräume. Hier kannst
du viele Tiere und Pflanzen entdecken. Selbst
kleine Gärten eignen sich hervorragend zum
Herumstromern und Erkunden. Dieses Kapitel
informiert dich, wie du dabei behutsam vor-
gehst, mit welchen Tricks du Gartenbesucher
anlockst und ihnen eine sichere Unterkunft
bietest.

Gartenpflanzen

DAS GEMÜSEBEET

Gartengemüse wird meist in Reihen gepflanzt. So kann das Unkraut leichter gejätet werden. Wer bestimmte Wildblumen und Kräuter zwischen die Gemüsesorten setzt, hilft Schädlinge auf natürliche Weise abzuwehren. Ringelblumen und Tagetes vertreiben Fadenwürmer. Brennnesseln schlagen Blattläuse in die Flucht. Stark duftendes Bohnenkraut schützt Bohnenpflanzen vor schwarzen Bohnenläusen und der Bohnenfliege. Je bunter gemischt der Gemüsegarten ist, desto sicherer ist er vor Schädlingen.

Früher nutzte man Gärten hauptsächlich, um Obst, Gemüse und Kräuter zur Versorgung anzubauen. Heute sind Gärten auch Orte der Erholung. Hier wachsen hübsche Zierpflanzen und gepflegte Rasenflächen laden zum Spielen ein.

Viele Gartenblumen dienten früher als Heilpflanzen. Mit **Ringelblumen** heilte man Blutergüsse oder Muskelschmerzen.

Aus **Maiglöckchen** wurde Hautwasser hergestellt. Diese Pflanze ist tödlich giftig!

Raygras

Quecke

Einige Wildblumen im Beet halten Schadinsekten von Gemüsepflanzen fern.

Kriechender Günsel

Gewöhnlicher Hornklee

Weißklee

Einjähriges Rispengras

Zuchtformen

Viele Pflanzen wurden speziell für den Garten gezüchtet und unterscheiden sich stark von ihren wilden Verwandten. Solche Blumen pflanzt man wegen ihrer Größe und Schönheit. Sie locken kaum Tiere an. Vergleiche eine Wildrose, die du als Strauch am Wegrand findest, mit einer Gartenrose.

DER RASEN

Im Gegensatz zu einer Wiese wird Rasen immer kurz gehalten. Dadurch kommen Wildblumen und Gräser, deren Samen hier anfliegen, nicht zur Blüte. Gänseblümchen und Wegerich müssen den Rasenmäher nicht fürchten, da ihre Blätter in flachen Rosetten am Boden wachsen. Und auch aus den Ausläufern von Klee wachsen Blüten tragende Stängel.

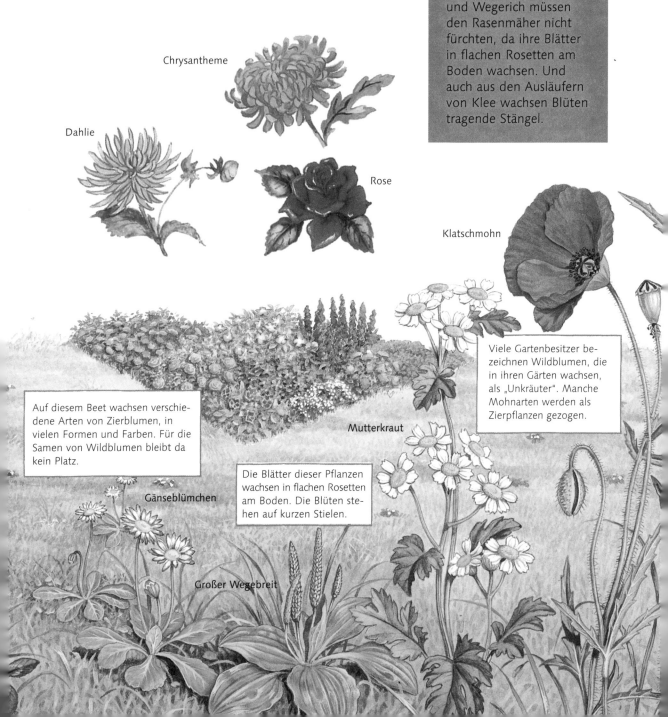

Chrysantheme

Dahlie

Rose

Klatschmohn

Viele Gartenbesitzer bezeichnen Wildblumen, die in ihren Gärten wachsen, als „Unkräuter". Manche Mohnarten werden als Zierpflanzen gezogen.

Auf diesem Beet wachsen verschiedene Arten von Zierblumen, in vielen Formen und Farben. Für die Samen von Wildblumen bleibt da kein Platz.

Mutterkraut

Gänseblümchen

Die Blätter dieser Pflanzen wachsen in flachen Rosetten am Boden. Die Blüten stehen auf kurzen Stielen.

Großer Wegebreit

Unkräuter

Zum Leid vieler Gärtner haben sich einige Wildpflanzen als Unkraut so manchen Garten erobert.
Da sie sehr widerstandfähig sind, sich schnell aus-
breiten und lange erhalten, sollten sie schon beim
ersten Erscheinen im Gartenbeet entfernt werden.

Wurzeltricks

Die Hauptwurzel des **Krausen Ampfers** kann bis zu 2 m lang werden und lässt sich nur schwer ausgraben. Aus einem kleinen Stück, das im Boden zurückbleibt, wächst eine neue Pflanze.

Der **Huflattich** hat wurzelar-
tige, unterirdisch wachsende
Stängel, die nur schwer auszugraben sind. Seine Blüten
ähneln dem Löwenzahn. Du
unterscheidest ihn jedoch
am kräftigen Stängel mit
den rosa Schuppenblättern.

Pilze

„Hexenring"
aus Pilzen

Pilze vermehren sich durch Sporen. Fallen die Sporen auf den
Boden, wachsen sie zu langen Fäden heran, die den Boden
durchziehen. Daraus entwickeln sich neue Pilze.

Kletterkünstler
Kletterpflanzen winden
sich um Bäume, Sträucher
oder an Hauswänden
entlang.

Die **Zaunrübe** bildet
lange, biegsame Ranken
aus, die sich um jeden
Widerstand schlingen.

Die **Zaunwinde** umwin-
det andere Pflanzen mit
ihrem Stängel.

Das **Klebkraut** besitzt
winzige Häkchen, um sich
an Zweigen und Wänden
festzuklammern.

Wildkräuter und Samen

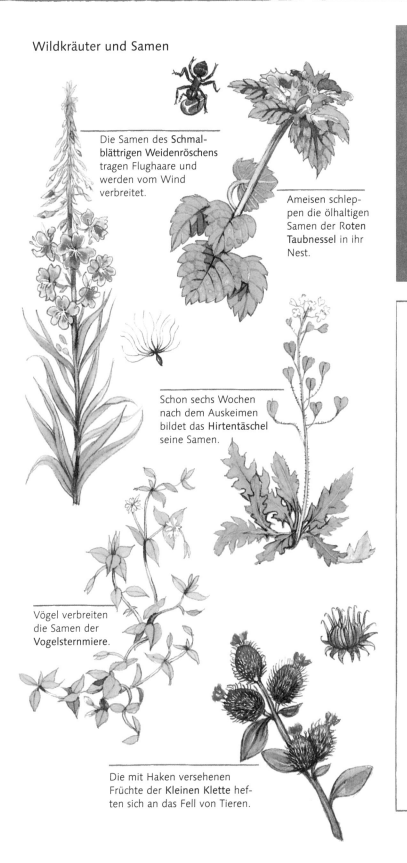

Die Samen des **Schmal-blättrigen Weidenröschens** tragen Flughaare und werden vom Wind verbreitet.

Ameisen schleppen die ölhaltigen Samen der **Roten Taubnessel** in ihr Nest.

Schon sechs Wochen nach dem Auskeimen bildet das **Hirtentäschel** seine Samen.

Vögel verbreiten die Samen der **Vogelsternmiere**.

Die mit Haken versehenen Früchte der **Kleinen Klette** heften sich an das Fell von Tieren.

SCHUHSOHLEN-EXPERIMENT

Auch die Menschen helfen dabei, Samen zu verbreiten. Schabe Erde, die nach einem Spaziergang an deinen Schuhen klebt, ab und streue sie auf feuchten Kompost oder Blumenerde. Halte die Erde feucht, aber nicht zu nass. Welche Wildblumen keimen aus?

Angepasste Wuchsformen Manche Wildpflanzen haben ihre Wuchsform den veränderten Lebensräumen angepasst. In kurzem Gras mit viel Licht liegen die Blätter des **Löwenzahns** dicht am Boden an. Sie bilden eine Rosette. Weder Rasenmäher noch Füße können ihr etwas anhaben.

In höherem Gras muss sich der Löwenzahn stärker strecken, damit er ausreichend Licht erhält.

113

Gartenbewohner

WER KOMMT VORBEI?

Welche Tiere in einem Garten vorkommen, hängt davon ab, ob der Garten in der Nähe eines Waldes, in Meeresnähe oder neben Feldern und Wiesen liegt. Wichtig ist auch, wie alt der Garten ist, welches Futter und welche Unterschlupf-möglichkeiten er bietet. Innerhalb eines Gartens stellt – von den Blumen-beeten bis zum Komposthaufen – jeder Teil eine eigene, kleine Welt dar.

Blumen, Gemüse, Büsche und Bäume sind die auffälligen Merkmale eines Gartens. Wenn du jedoch genauer hinsiehst, findest du viele Tiere, die sich trotz der Nähe des Menschen in Gärten und sogar begrünten Hinterhöfen heimisch fühlen.

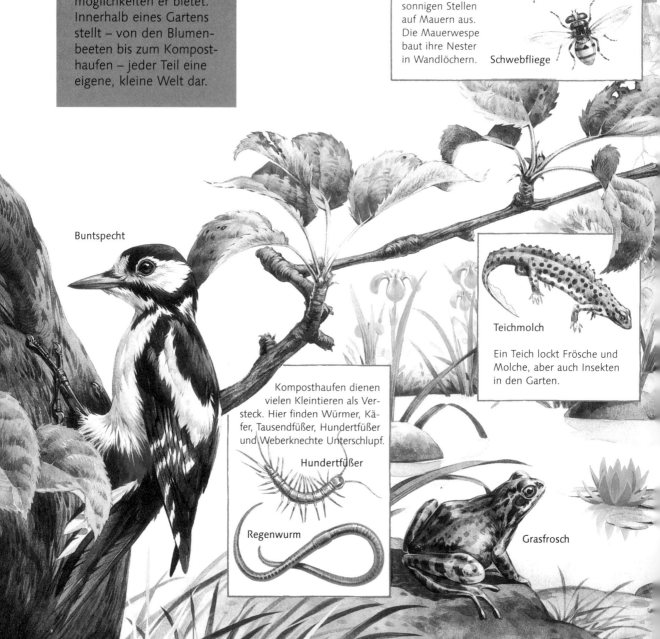

Insekten, wie Schwebfliegen, ruhen sich an sonnigen Stellen auf Mauern aus. Die Mauerwespe baut ihre Nester in Wandlöchern.

Mauerwespe

Schwebfliege

Buntspecht

Teichmolch

Ein Teich lockt Frösche und Molche, aber auch Insekten in den Garten.

Komposthaufen dienen vielen Kleintieren als Ver-steck. Hier finden Würmer, Kä-fer, Tausendfüßer, Hundertfüßer und Weberknechte Unterschlupf.

Hundertfüßer

Regenwurm

Grasfrosch

Viele Tiere leben in Bäumen. Suche im Laub und auf der Rinde nach Vögeln, Käfern und Nachtfaltern.

Scharlachroter Feuerkäfer

Abend-pfauenauge

In Sträuchern verstecken sich Insekten. Unter die Äste einer Hecke ziehen sich manchmal Igel zum Winterschlaf zurück.

Strauch-heuschrecke

Igel

Im Winter verstecken sich Spinnen und Marienkäfer in Gartenhäusern. Vielleicht findest du sogar eine Waldmaus in ihrer Behausung.

Spinne

Zweipunkt-marienkäfer

Waldmaus

Bienen und Schmetterlinge suchen in Blüten nach Nektar.

Hummel

Suche unter Steinen und Ästen nach kleinen Tieren.

Assel

Aurorafalter

In Blumenbeeten finden Nacktschnecken, Schnecken und Raupen Nahrung und Schutz.

Nierenmakeleule (Raupe)

Garten-schnecke

Amsel

Leben im Boden

Im Boden eines Gartens leben zahllose Tiere. Manche von ihnen sind nützlich, weil sie den Boden verbessern. Andere gelten als Schädlinge, weil sie Pflanzenwurzeln und Stängel anknabbern.

Würmer

Regenwürmer fressen Erde und entziehen ihr Nährstoffe. Der ausgeschiedene Kot wiederum ist ein wertvolles Gemisch, das viele Mineralsalze enthält. Dadurch sorgen Regenwürmer für eine gute Durchmischung und Verbesserung des Bodens.

Erdbewohner beobachten

Fülle abwechselnd Schichten aus Erde und Sand in ein großes Glas. Setze einige Würmer ein und gib ihnen Blätter zu fressen. Dunkle das Glas für zwei Tage vollständig mit Packpapier ab. Beobachte, ob die Würmer die verschiedenen Schichten durchmischt haben.

Fülle etwas Erde in eine Schale und tröpfle ein wenig Wasser darüber. Nun kannst du die Tiere mit einem Pinsel aufsammeln und unter der Lupe betrachten, welche Bodenbewohner in deinem Garten leben.

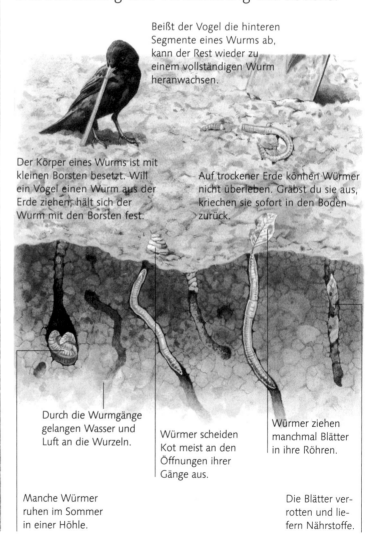

Beißt der Vogel die hinteren Segmente eines Wurms ab, kann der Rest wieder zu einem vollständigen Wurm heranwachsen.

Der Körper eines Wurms ist mit kleinen Borsten besetzt. Will ein Vogel einen Wurm aus der Erde ziehen, hält sich der Wurm mit den Borsten fest.

Auf trockener Erde können Würmer nicht überleben. Gräbst du sie aus, kriechen sie sofort in den Boden zurück.

Durch die Wurmgänge gelangen Wasser und Luft an die Wurzeln.

Würmer scheiden Kot meist an den Öffnungen ihrer Gänge aus.

Würmer ziehen manchmal Blätter in ihre Röhren.

Manche Würmer ruhen im Sommer in einer Höhle.

Die Blätter verrotten und liefern Nährstoffe.

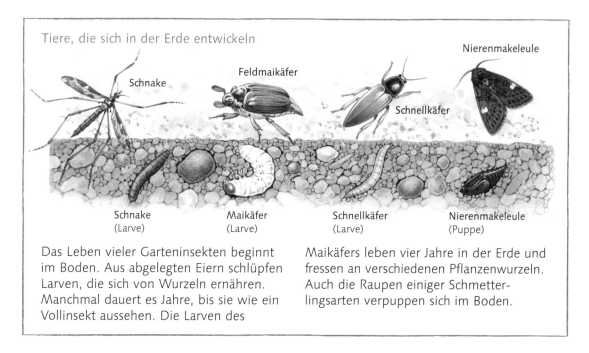

Tiere, die sich in der Erde entwickeln

Schnake

Feldmaikäfer

Schnellkäfer

Nierenmakeleule

Schnake
(Larve)

Maikäfer
(Larve)

Schnellkäfer
(Larve)

Nierenmakeleule
(Puppe)

Das Leben vieler Garteninsekten beginnt im Boden. Aus abgelegten Eiern schlüpfen Larven, die sich von Wurzeln ernähren. Manchmal dauert es Jahre, bis sie wie ein Vollinsekt aussehen. Die Larven des Maikäfers leben vier Jahre in der Erde und fressen an verschiedenen Pflanzenwurzeln. Auch die Raupen einiger Schmetterlingsarten verpuppen sich im Boden.

Maulwürfe

Das dichte Fell der Maulwürfe legt sich in alle Richtungen, man sagt „es hat keinen Strich". Daher können sie sich in ihren Tunneln vor- und rückwärts bewegen.

Nest aus Blättern, Gras und Moos

Mit ihren kräftigen Händen und Füßen schaufeln Maulwürfe die Erde beiseite.

Speisekammer. Am liebsten fressen Maulwürfe Regenwürmer und Engerlinge.

Maulwürfe legen Gangsysteme mit Schlaf-, Vorrats- und Nestkammern an. Sie sind gut an das Leben im Dunkeln angepasst. Ihr Tast-, Gehör- und Geruchssinn sind hervorragend entwickelt.

Gartenvögel

Das ganze Jahr über besuchen unterschiedliche Vögel deinen Garten. Finden sie Sträucher oder Bäume als Schutz, bauen sie sogar ihr Nest. Halte dich von Nestern fern und berühre sie nicht. Sonst kehren die Altvögel nicht zu ihren Jungen zurück und die Vogelkinder müssen verhungern.

Grünspechte halten nach Ameisen Ausschau, die sie auf dem Boden und in Erdbauten erbeuten.

Amseln singen ihr Lied häufig auf hohen Ästen.

Kohlmeisen und **Grünlinge** besuchen regelmäßig die Futterstellen im Garten.

Kleiber laufen an Baumstämmen auf und ab und suchen in den Ritzen nach Insekten.

Der **Waldbaumläufer** klettert in Spiralen am Stamm empor und sucht nach Insekten.

Der **Zaunkönig** ist ein winziger Vogel mit einem kurzen, nach oben gerichteten Schwanz.

Die **Trauerbachstelze** jagt im Rasen nach Insekten.

Der **Gimpel** sucht nach Samen, frisst aber auch Knospen von Bäumen und Büschen.

Haussperlinge nehmen Staubbäder, um ihre Federn zu reinigen.

• TRACK 2 •
IM GARTEN
HAUS-
SPERLING
Weitere Infos auf CD!

Die **Heckenbraunelle** hält sich meist im Schutz von Hecken und Sträuchern auf.

Männliche **Rotkehlchen** dulden in ihrem Revier keine anderen Rotkehlchen.

Der **Buchfink** sucht am Boden nach Samen, Insekten und Spinnen.

Türkentaube

Blaumeisen

Stieglitz

Feine Unterschiede

Rauchschwalbe, Mauersegler und Mehlschwalbe ähneln sich auf den ersten Blick. Alle drei Vogelarten sind Sommergäste und fangen Insekten im Flug, aber in unterschiedlicher Höhe. Am höchsten fliegt der Mauersegler. Rauchschwalben halten sich nahe am Boden auf.

weißer Rumpf

schmale Flügel

weißer Bürzel

tief gegabelter Schwanz

rote Kehle

kurz gegabelter Schwanz

kurz gegabelter Schwanz

Rauchschwalbe

Mauersegler

Mehlschwalbe

Säurebad

Manche Vögel reiben sich Ameisen zwischen die Federn oder erlauben diesen Insekten, auf ihrem Körper herumzukrabbeln. Wahrscheinlich nutzen sie die Ameisensäure, um ihre Federn zu reinigen.

von Ameisen bedeckte Misteldrossel

Schlafbäume

Viele Vögel sammeln sich nachts in Schwärmen. Im Schwarm fühlen sie sich sicher und das dichte Gedränge wärmt. Meist suchen sie immer dasselbe Gebäude oder denselben Baum auf.

Star

Insekten im Garten

Auf dem Rasen, auf Blüten, Bäumen oder in Schuppen stößt du auf Insekten. Schau auch in morschen Stämmen und unter Steinen nach oder untersuche am Boden liegendes Laub, denn hierher ziehen sich Insekten gern zurück.

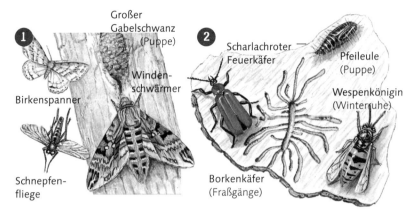

Großer Gabelschwanz (Puppe)

Windenschwärmer

Birkenspanner

Schnepfenfliege

Scharlachroter Feuerkäfer

Pfeileule (Puppe)

Wespenkönigin (Winterruhe)

Borkenkäfer (Fraßgänge)

Nachtschwärmer ruhen oft **auf Baumstämmen** aus. Ihre Puppen findest du unter der Rinde.

Manchmal ruhen Wespenköniginnen und Käfer **unter Baumrinden**. Käfer hinterlassen Fraßgänge im Holz.

Nahrungsnetz
Ein Garten mit Insekten ist ein lebendiger Garten. Neben anderen Kleintieren und Würmern sind sie Beute für andere Tiere und ein Teil der **Nahrungskette**.

Singdrossel

Schnecke

Regenwurm

Blätter

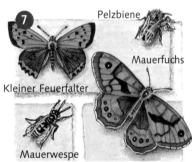

Pelzbiene

Mauerfuchs

Kleiner Feuerfalter

Mauerwespe

Manche Insekten suchen ein sonniges Plätzchen auf aufgeheizten **Mauern** oder warmen Steinen.

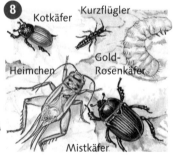

Kotkäfer

Kurzflügler

Heimchen

Gold-Rosenkäfer

Mistkäfer

Diese Insekten ernähren sich von Abfall und tierischem Kot. Du findest sie **auf Müll-** oder **Dunghaufen**.

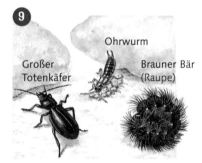

Ohrwurm

Großer Totenkäfer

Brauner Bär (Raupe)

Unter Steinen verbergen sich häufig Insekten, Asseln oder Spinnen. Sie mögen dunkle, feuchte Stellen.

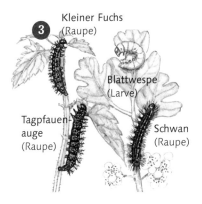

3 Kleiner Fuchs (Raupe)
Blattwespe (Larve)
Tagpfauenauge (Raupe)
Schwan (Raupe)

Die meisten Raupen fressen Blätter. Im Frühling und Sommer findest du sie **auf Hecken und Sträuchern.**

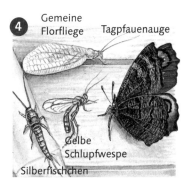

4 Gemeine Florfliege
Tagpfauenauge
Gelbe Schlupfwespe
Silberfischchen

Florfliegen und Tagpfauenaugen verbringen manchmal den Winter **in Schuppen.** Störe sie nicht.

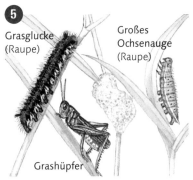

5 Grasglucke (Raupe)
Großes Ochsenauge (Raupe)
Grashüpfer

Viele auf **Gräsern** lebende Insekten sind so gut getarnt, dass sie kaum auffallen.

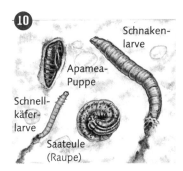

6 Tagfalter (Puppe)
Zackeneule
Hausmutter

In geschützten Schlupfwinkeln, wie zum Beispiel **in Holzstapeln,** überwintern einige Insekten. Störe sie nicht.

10 Schnakenlarve
Apamea-Puppe
Schnellkäferlarve
Saateule (Raupe)

Larven und Puppen einiger Insektenarten wachsen **in der Erde** heran. Die Larven ernähren sich von Wurzeln.

11 Kaisermantel
Hornisse

Blüten sind ein beliebter Landeplatz für Insekten, denn hier können sie sich am süßen Nektar satt fressen.

12 Schwarzkäfer
Schwarzer Moderkäfer
Schwarze Wiesenameise

Im Sommer krabbeln Ameisen **über den Boden.** Folge ihnen und finde heraus, wo sie wohnen.

Gartenspinnen

Wolfsspinne
mit Eiersack

Wolfsspinnenarten weben ihre Eier in einen Kokon aus Seidenfäden. Statt sie zu verstecken, trägt das Weibchen sie mit sich herum.

Zelt   Eiersack

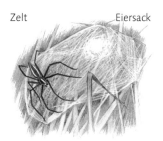

Kurz bevor ihre Jungen schlüpfen, spinnt das Weibchen ein Zelt um den Eiersack und wartet, bis die Jungen allein zurechtkommen. Dann reißt es das Zelt auf.

Spinnen sind nützliche Helfer jedes Gärtners, denn zu ihren Beutetieren gehören viele Pflanzenschädlinge. Die meisten Spinnen bauen Netze, in denen sie Insekten fangen. Einige jagen ohne Netz. Fast alle Spinnen töten ihre Beute durch einen giftigen Biss. Dann saugen sie ihre Opfer aus.

Das Radnetz

Spinnen bauen unterschiedliche Netze. Kreuzspinnen legen zum Beispiel Radnetze an. Fast jeden Tag müssen die Tiere ein neues Netz bauen, weil es leicht von Wind und Regen zerstört oder von Staub und Sonne ausgetrocknet wird. Verfängt sich ein Insekt im Netz, bringt es das Netz zum Zittern. Dann kommt sofort die Spinne aus ihrem Versteck und greift an.

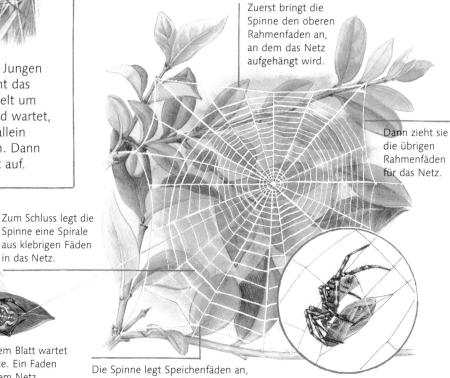

Zuerst bringt die Spinne den oberen Rahmenfaden an, an dem das Netz aufgehängt wird.

Dann zieht sie die übrigen Rahmenfäden für das Netz.

Zum Schluss legt die Spinne eine Spirale aus klebrigen Fäden in das Netz.

Versteckt unter einem Blatt wartet die Spinne auf Beute. Ein Faden verbindet sie mit dem Netz.

Die Spinne legt Speichenfäden an, die am Zentrum und an den Rahmenfäden befestigt werden

Manchmal spinnt die Spinne eine Fliege als Vorrat ein.

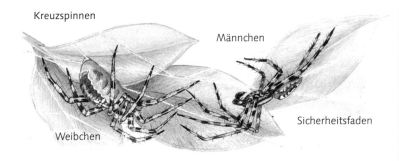

Kreuzspinnen

Männchen

Sicherheitsfaden

Weibchen

Eine Kreuzspinne wächst heran

Für männliche Kreuzspinnen ist die Paarung eine lebensgefährliche Angelegenheit, denn manchmal greifen die größeren Weibchen das paarungswillige Männchen an und fressen es auf. Daher nähern sich die Männchen sehr vorsichtig und halten sich an einem Sicherheitsfaden fest, der ihnen die schnelle Flucht ermöglicht. Manchmal werden sie vom Weibchen mehrmals weggejagt, ehe es in die Paarung einwilligt.

gelber Kokon

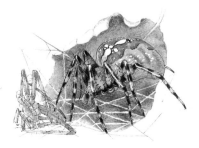

Im Herbst legt die weibliche Kreuzspinne ihre Eier und umspinnt sie mit einem gelben Kokon. Der Kokon wird mit Rindenstückchen und Schmutz getarnt. Kurz darauf stirbt die Spinne. Die Jungspinnen schlüpfen im nächsten Frühling.

Spinnen, die gerade aus dem Ei geschlüpft sind, sind sehr klein. Während sie heranwachsen, müssen sie sich mehrmals häuten. Ihre alte Haut kannst du manchmal auf den Netzen finden.

Andere Spinnennetze

Hausspinne

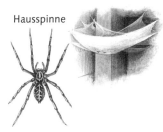

Hausspinnen bauen ihre flachen **Deckennetze** in den Ecken von Häusern und Schuppen. Beutetiere verfangen sich im dichten Gewirr der Fäden.

Kellerspinne

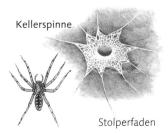

Stolperfaden

Kellerspinnen bauen ihre **Röhrennetze** häufig in Mauerritzen. Stolpert ein Insekt über einen der Stolperfäden, stürzt die Spinne aus dem Versteck.

Baldachinspinne

Wiesen sind manchmal mit den **Baldachinnetzen** überzogen. Wirbelt der Wind ein solches Nest in die Luft, nimmt er die Spinne mit und treibt sie viele Kilometer weit fort.

Schnecken und andere Kleintiere

Kielnacktschnecke

Atemloch

Mit etwas Glück wirst du alle Tiere auf diesen beiden Seiten im Garten finden. Tagsüber verstecken sie sich unter Steinen oder Rinde, denn sie besitzen keine Haut, die sie vor Austrocknung schützt. Nachts kommen sie heraus, um zu fressen. Schnecken sind bei Gärtnern unbeliebt, denn sie können neu gesetzte Pflänzchen in einer Nacht vertilgen.

Nacktschnecken besitzen kein schützendes Gehäuse. Bei kaltem oder trockenem Wetter graben sie sich tief in den Boden ein. Vor Feinden schützt sie ihr streng riechender Schleim.

Schnecken verstecken sich in Mauerritzen oder unter Steinen. Dort ziehen sie sich in ihr Haus zurück und verschließen die Öffnung mit einer Schleimschicht, die rasch trocknet und hart wird.

Die Augen der Schnecken sitzen am Ende von langen Fühlern. Bei Störungen werden sie schnell eingezogen.

Gesprenkelte Weinbergschnecke

Schnecken hinterlassen eine glänzende Schleimspur.

Gartenwegschnecke

Erdbeeren

Die **Gartenwegschnecke** frisst lebende Pflanzen. Du findest sie, wenn du Stroh oder Rhabarberblätter auslegst. Die Schnecken verstecken sich darunter und du kannst sie einsammeln.

Fast alle Gartenschnecken ernähren sich von Pflanzen. Manche beschädigen lebende Pflanzen, die meisten bevorzugen verwesende Blätter. Mit winzigen Zähnchen auf ihrer Raspelzunge schaben sie kleine Blattstückchen ab. Der Schleim, den sie aus einer Drüse am breiten Fuß aussondern, macht den Untergrund glatt und erleichtert den Schnecken das Vorwärtskommen. Die Schleimspur führt sie auch in ihren Unterschlupf zurück.

Die Paarung von Schnecken

Gartenschnecke

Liebespfeil

Eier

Im Frühling und Sommer kannst du Schnecken bei ihrem stundenlangen Liebesspiel beobachten. Beide Schnecken kriechen übereinander und schießen ihrem Partner einen „Liebespfeil" in den Körper. Bald nach der Paarung legen sie die Eier im Boden ab. Drei bis vier Wochen später schlüpft der Nachwuchs.

Asseln

Junge Asseln verlassen die Tasche der Mutter.

Während des Wachstums müssen sich Asseln mehrmals häuten.

Asseln sind Krebstiere. Die flachen Tiere mit den sieben Beinpaaren ernähren sich von toten Pflanzen. Die Weibchen tragen ihre Jungen so lange in einer Art Tasche unter dem Körper, bis die Jungtiere selbstständig leben können.

Beine

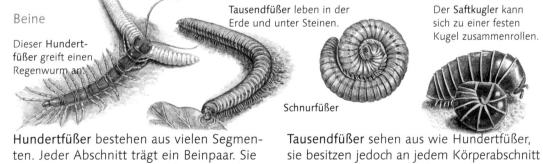

Dieser Hundertfüßer greift einen Regenwurm an.

Tausendfüßer leben in der Erde und unter Steinen.

Der Saftkugler kann sich zu einer festen Kugel zusammenrollen.

Schnurfüßer

Hundertfüßer bestehen aus vielen Segmenten. Jeder Abschnitt trägt ein Beinpaar. Sie jagen Insekten, Spinnen und Würmer, die sie mit ihren Giftklauen töten. Die meisten Tausendfüßer sehen aus wie Hundertfüßer, sie besitzen jedoch an jedem Körperabschnitt zwei Beinpaare. Sie ernähren sich von verrottenden Pflanzenteilen.

Der nächtliche Garten

Der **Waldkauz** jagt Mäuse, Regenwürmer und andere kleine Tiere, greift aber auch schlafende Vögel an.

Die **Erdkröte** geht nachts auf Jagd nach Insekten und Nacktschnecken. Tagsüber versteckt sie sich in einem Erdloch.

Die Tiere auf dieser Seite sind nicht im gleichen Maßstab gezeichnet.

Der **Igel** macht sich bei seinen nächtlichen Beutezügen durch grunzende Geräusche bemerkbar.

Die **Florfliege** lebt auf Bäumen und Sträuchern. Ihre Larven ernähren sich von Blattläusen.

Die **Waldmaus** traut sich nur bei völliger Dunkelheit ins Freie. Sie ernährt sich von Samen und Beeren und klettert sogar auf Sträucher.

Mit lautem Gezirpe versuchen männliche **Heupferde** eine Partnerin anzulocken.

Schwarzkäfer suchen nach Nacktschnecken und anderen kleinen Nachttieren.

Glühwürmchen sind Käfer. Nur die flügellosen Weibchen können leuchten. Damit locken sie Männchen zur Paarung an.

Viele Tiere sind nachtaktiv. Das heißt, sie kommen erst in der Dämmerung aus ihrem Unterschlupf oder gehen nach Einbruch der Dunkelheit auf Beutefang. Willst du sie entdecken, brauchst du eine Taschenlampe. Lausche aufmerksam, denn einige Tiere verraten sich durch Geräusche. Vielleicht hörst du das Grunzen eines Igels oder das Quaken einer Kröte. An Blütenpflanzen findest du vielleicht Nachtfalter, die vom süßen Duft angelockt werden.

Schon bei Dämmerung geht die Zwergfledermaus auf Jagd nach Insekten. Das Braune Langohr (unten) startet erst nach Einbruch der Dunkelheit.

Auch Füchse jagen nachts nach kleinen Tieren und Vögeln. In manchen Regionen dringen sie dazu bis in Gärten vor.

Das Licht der Häuser lockt nachtaktive Käfer an. Sie prallen dann häufig gegen Fensterscheiben.

Täglich muss die Waldspitzmaus so viel fressen, wie sie wiegt. Deshalb verbringt sie die meiste Zeit mit der Futtersuche. Erst nachts wagt sie sich ins Freie.

Der Weinschwärmer trinkt den Nektar des Geißblattes, Agrotis-Motten den der Nachtkerze, die Gammaeule den der nachts duftenden Levkojen und die Messingeule den des Baldrians.

Tiere in den Garten locken

Ein zu ordentlicher Garten bietet Tieren kaum Lebensraum. Dürfen jedoch auch Gras und Nesseln wachsen und können tote Pflanzen vor Ort verrotten, stellen sich bald kleine und größere Tiere ein. Auch du kannst kleine Lebensräume im Garten schaffen, in denen sich Tiere verstecken, ihre Nester bauen oder Winterschlaf halten können.

Elster

Nisthilfe für Vögel: Klemme einen alten Blumentopf fest zwischen die Zweige einer Hecke. Lege trockenes Gras hinein.

Kletterpflanzen bieten Tieren Nahrung und Schutz. Vögel bauen darin ihre Nester, im Winter fressen sie die Beeren.

Efeu

Zaunkönig

Singdrossel

Astern locken Schmetterlinge an, die in ihnen Nektar finden.

Zwergmispel

Faulbaumbläuling

Tagpfauenauge

Bleibt ein abgebrochener Zweig oder Ast auf dem Boden liegen, wachsen Pilze und Moose darauf. Käfer und andere kleine Tiere finden hier Unterschlupf.

Lasse einige abgefallene Früchte als Nahrung für Schmetterlinge und Wespen liegen.

Totes Laub unter Hecken oder Sträuchern zieht Igel an, die hier ihren Winterschlaf halten.

Manche Bienen und Wespen leben allein in winzigen Höhlen. In wärmeisolierenden Ziegeln mit kleinen Löchern können sie nisten.

Nistmaterial

Haare

Federn

Moos

trockenes Gras

Stoff

Solitärbiene

Solitärwespe

Locke die Vögel im Frühling mit Nistmaterial in deinen Garten. Fülle Wolle, Haare und Moos in ein Obstnetz und hänge es in einen Baum.

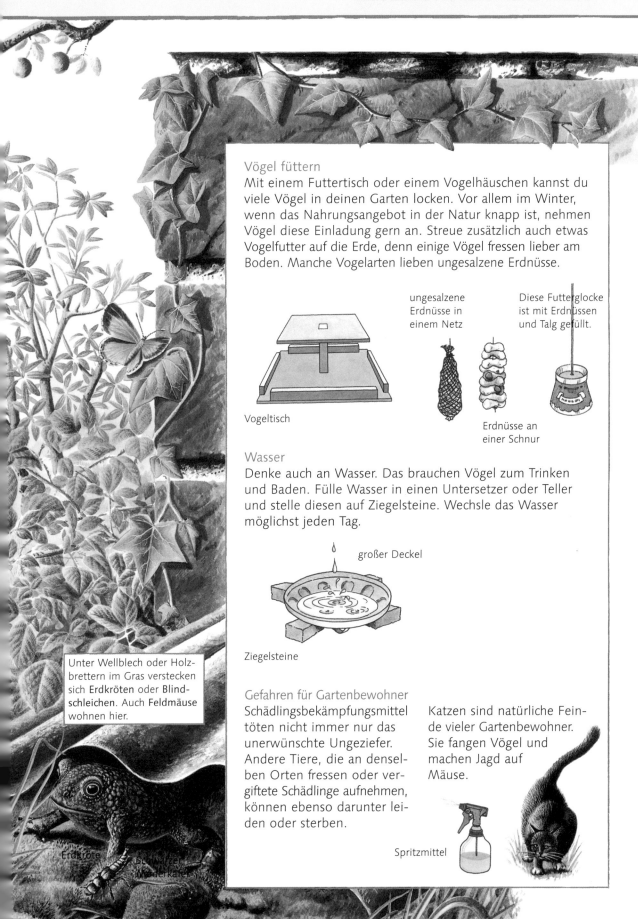

Vögel füttern

Mit einem Futtertisch oder einem Vogelhäuschen kannst du viele Vögel in deinen Garten locken. Vor allem im Winter, wenn das Nahrungsangebot in der Natur knapp ist, nehmen Vögel diese Einladung gern an. Streue zusätzlich auch etwas Vogelfutter auf die Erde, denn einige Vögel fressen lieber am Boden. Manche Vogelarten lieben ungesalzene Erdnüsse.

ungesalzene Erdnüsse in einem Netz

Diese Futterglocke ist mit Erdnüssen und Talg gefüllt.

Vogeltisch

Erdnüsse an einer Schnur

Wasser

Denke auch an Wasser. Das brauchen Vögel zum Trinken und Baden. Fülle Wasser in einen Untersetzer oder Teller und stelle diesen auf Ziegelsteine. Wechsle das Wasser möglichst jeden Tag.

großer Deckel

Ziegelsteine

Unter Wellblech oder Holzbrettern im Gras verstecken sich **Erdkröten** oder **Blindschleichen**. Auch **Feldmäuse** wohnen hier.

Gefahren für Gartenbewohner

Schädlingsbekämpfungsmittel töten nicht immer nur das unerwünschte Ungeziefer. Andere Tiere, die an denselben Orten fressen oder vergiftete Schädlinge aufnehmen, können ebenso darunter leiden oder sterben.

Katzen sind natürliche Feinde vieler Gartenbewohner. Sie fangen Vögel und machen Jagd auf Mäuse.

Spritzmittel

Erdkröte   Schweizer Moderkäfer

Gartenbesucher

Welche Tiere und Pflanzen sich in einem Garten einstellen, richtet sich nach der Bepflanzung des Gartens und danach, in welcher Landschaft er liegt. Hier findest du eine Auswahl von Tieren und Pflanzen, die in Wäldern, auf Ackerland, in Mooren und Heiden oder am Meer vorkommen. Einige von ihnen können sich in nahe Gärten verirren und dort sogar heimisch werden.

In der Nähe von Wäldern

Gartenrotschwanz

Hirschkuh

Feldmaikäfer

Vierzehnpunkt-Marienkäfer

Primel

Rotbraunes Ochsenauge

Schornsteinfeger

In der Nähe des Meeres

Silbermöwe

Englische Schafstelze

Bibernell-rose

Kurzflüglige Schwertschrecke

Sandwespe

Gewöhnliche Grasnelke

In der Nähe von Feldern und Wiesen

Steinmarder

Fasan

Kaninchen

Siebenpunktmarienkäfer

Raupe der Grasglucke

Wiesen-schaumkraut

Feldheuschrecke

Wiesen-primel (Schlüssel-blume)

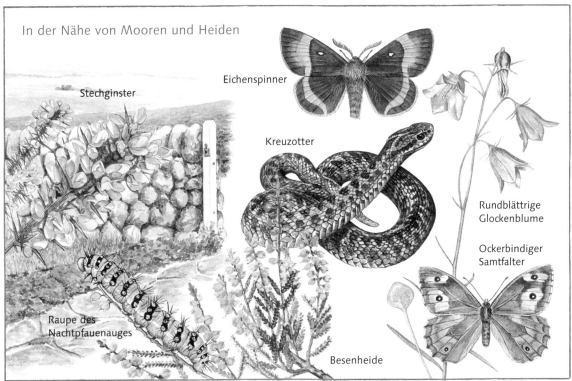

In der Nähe von Mooren und Heiden

Stechginster

Eichenspinner

Kreuzotter

Rundblättrige Glockenblume

Ockerbindiger Samtfalter

Raupe des Nachtpfauenauges

Besenheide

Amphibien im Gartenteich

Der **Grasfrosch** lebt auf feuchten Wiesen und an Gräben. Er kann seine Hautfarbe verändern und sich dem Untergrund zur Tarnung vor Schlangen anpassen. Den Winter verschläft er im Schlamm von Teichen oder Gräben. Fliegen fängt er mit seiner langen, klebrigen Zunge.

Tagsüber versteckt sich die **Erdkröte** in einer unterirdischen Höhle. In der Nacht geht sie auf Jagd. Im Sommer häutet sie sich mehrmals. Dann streift sie ihre alte Haut ab und frisst sie auf. Den Winter verbringt die Erdkröte schlafend in einem verlassenen Tierbau. Mit Gift schreckt sie Feinde ab. Ihre Haut ist warzig und trocken.

Frösche, Kröten und Molche kommen zwar im Wasser zur Welt, sie verbringen aber die meiste Zeit ihres Lebens an Land. Sie gehören deshalb zur Tierklasse der Amphibien. Gern lassen sie sich auch in Gartenteichen blicken oder können dort als Laich eingesetzt werden.

Die Paarung der Frösche

Frösche paaren sich in einem Teich. Die Männchen verstärken ihren Ruf nach Weibchen durch Schallblasen beiderseits des Kopfes. Zur Paarung klammert sich das Männchen am Weibchen fest. Eine raue Daumenschwiele sorgt dafür, dass es nicht abrutscht. Das Weibchen legt die Eier im Wasser ab. Der schleimige Laichklumpen enthält bis zu viertausend Eier. Er treibt an die Oberfläche und wird von der Sonne erwärmt.

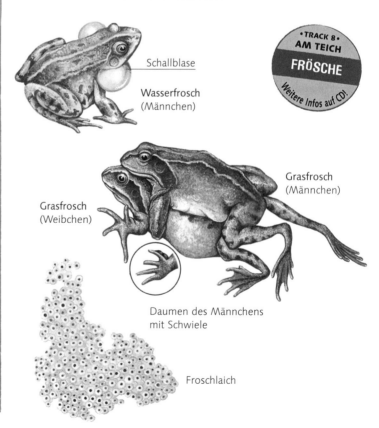

Schallblase

Wasserfrosch
(Männchen)

• TRACK 8 •
AM TEICH
FRÖSCHE
Weitere Infos auf CD!

Grasfrosch
(Männchen)

Grasfrosch
(Weibchen)

Daumen des Männchens
mit Schwiele

Froschlaich

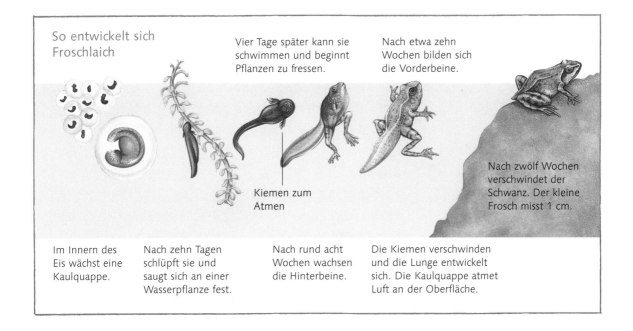

So entwickelt sich Froschlaich

Vier Tage später kann sie schwimmen und beginnt Pflanzen zu fressen.

Nach etwa zehn Wochen bilden sich die Vorderbeine.

Kiemen zum Atmen

Nach zwölf Wochen verschwindet der Schwanz. Der kleine Frosch misst 1 cm.

Im Innern des Eis wächst eine Kaulquappe.

Nach zehn Tagen schlüpft sie und saugt sich an einer Wasserpflanze fest.

Nach rund acht Wochen wachsen die Hinterbeine.

Die Kiemen verschwinden und die Lunge entwickelt sich. Die Kaulquappe atmet Luft an der Oberfläche.

Einen Teich anlegen

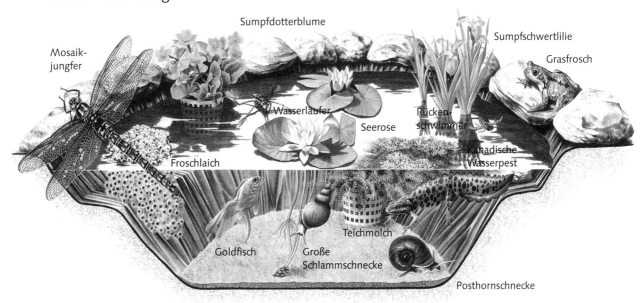

Willst du mit deinen Eltern einen Gartenteich anlegen, brauchst du die richtigen Pflanzen und Tiere. Im Gartencenter besorgst du einige Sumpf- und Wasserpflanzen. Sie erzeugen den Sauerstoff, den Fische und andere Wassertiere zum Atmen benötigen. Schwimmblätter, etwa von der Seerose, spenden den Tieren Schatten. Setze auch einige Schnecken in das Wasser. Insekten werden sich schon bald von allein einstellen, um Beute zu jagen und ihre Eier zu legen.

Gartentiere und -pflanzen bestimmen

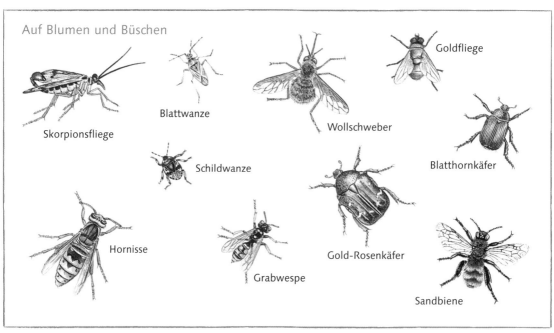

Auf Blumen und Büschen

Skorpionsfliege

Blattwanze

Wollschweber

Goldfliege

Schildwanze

Blatthornkäfer

Hornisse

Grabwespe

Gold-Rosenkäfer

Sandbiene

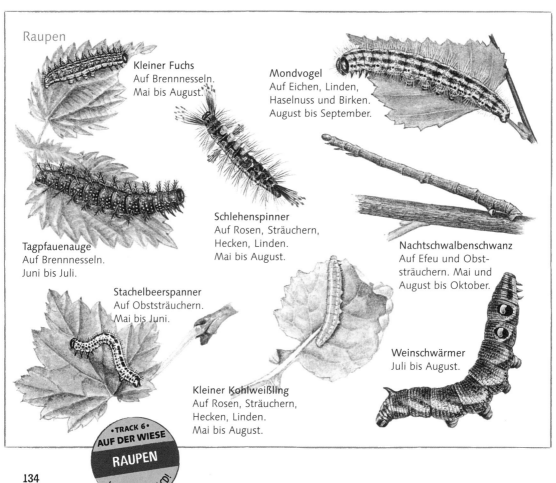

Raupen

Kleiner Fuchs
Auf Brennnesseln.
Mai bis August.

Mondvogel
Auf Eichen, Linden,
Haselnuss und Birken.
August bis September.

Tagpfauenauge
Auf Brennnesseln.
Juni bis Juli.

Schlehenspinner
Auf Rosen, Sträuchern,
Hecken, Linden.
Mai bis August.

Nachtschwalbenschwanz
Auf Efeu und Obst-
sträuchern. Mai und
August bis Oktober.

Stachelbeerspanner
Auf Obststräuchern.
Mai bis Juni.

Kleiner Kohlweißling
Auf Rosen, Sträuchern,
Hecken, Linden.
Mai bis August.

Weinschwärmer
Juli bis August.

• TRACK 6 •
AUF DER WIESE
RAUPEN
Weitere Infos auf CD!

Bei Berührung zieht sich die Schnecke zusammen.

Große schwarze Wegschnecke
10–13 cm.

Netzschnecke
Häufig auf Salat.
3,5–5 cm.

Blindschleiche
40–50 cm.

Erdbeerschnecke
Weißes, gelbes oder rotbraunes Gehäuse. Häufig unter Rhabarber.

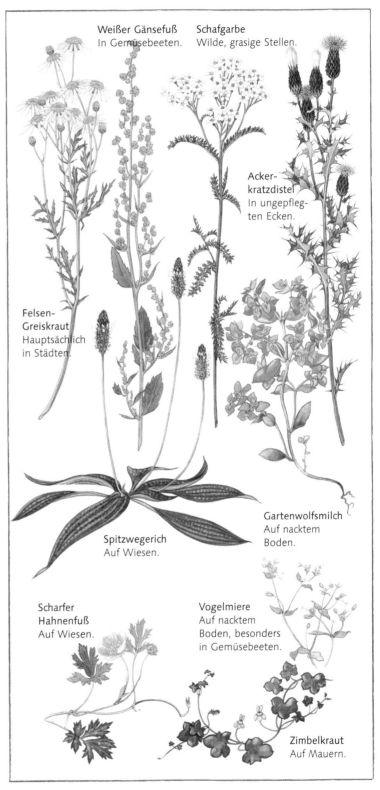

Weißer Gänsefuß
In Gemüsebeeten.

Schafgarbe
Wilde, grasige Stellen.

Acker-kratzdistel
In ungepflegten Ecken.

Felsen-Greiskraut
Hauptsächlich in Städten.

Gartenwolfsmilch
Auf nacktem Boden.

Spitzwegerich
Auf Wiesen.

Scharfer Hahnenfuß
Auf Wiesen.

Vogelmiere
Auf nacktem Boden, besonders in Gemüsebeeten.

Zimbelkraut
Auf Mauern.

Tiere auf Gartenbäumen

Krone, Blätter, Äste, Rinde oder Wurzeln bieten vielen Tierarten Schutz und Nahrung. Auf dieser Seite sind Tiere und Pflanzen abgebildet, die du mitunter auf Gartenbäumen entdecken kannst.

Viele Vögel bauen ihre Nester in Bäumen oder schlafen dort.

Eichhörnchen sind tagaktive Baumtiere. Sie suchen nach Samen und Nüssen.

In Gallen wachsen Insekten heran.

Auf Blättern und dünnen Zweigen findest du Raupen.

Baumpilze wachsen auf dem Baumstamm.

Kletterpflanzen wie der **Efeu** oder das **Geißblatt** wachsen an Baumstämmen hoch. Hier finden Insekten Schutz und Nahrung.

Manche Nachtschmetterlinge ruhen sich tagsüber auf Baumstämmen aus.

Im Laub, das auf dem Boden liegen bleibt, verkriechen sich viele Insektenarten. Das lockt Vögel an, die sich von Insekten ernähren.

Im Herbst recken sich Pilze durch die toten Blätter am Boden.

Schmetterlinge und andere Insekten saugen gern am süßen Fruchtsaft von heruntergefallenem Obst.

MEERESTIERE

Der größte Teil unserer Erde ist von Wasser bedeckt. Viele Bereiche der Tiefsee gelten noch als nahezu unerforscht. Dieses Kapitel nimmt dich mit auf eine Reise zu den Bewohnern der Meere und Ozeane. Die meisten der vorgestellten Tiere wirst du nie in ihrem natürlichen Lebensraum beobachten können. Aber mit etwas Glück kannst du einigen an einer Meeresküste im Urlaub, bei einer Schifffahrt, während eines Zoobesuchs oder in einem großen Aquarium begegnen.

Wale

WALBABYS

Wale gehören zu den Säugetieren, denn sie bringen lebende Junge zur Welt. In der Regel gebärt eine Walmutter bei einer Geburt unter Wasser ein Neugeborenes. Mehrere Monate werden die Jungen von der Mutter gesäugt. Walbabys sind bereits stattlich in ihren Ausmaßen. So wiegt das Baby eines Blauwals schon zwei Tonnen und hat eine Größe von sieben Metern. Ein Pottwalbaby bringt eine Tonne auf die Waage und ist vier Meter lang.

Wale gelten als die größten Lebewesen der Erde. Sie sind auf allen Ozeanen zu Hause. Einige sind Meeresräuber, andere ernähren sich ausschließlich von Plankton. Wale müssen zum Atmen an die Wasseroberfläche auftauchen.

Ein Zahn wiegt zwischen 1,5 und 2 kg.

Der **Pottwal** ist mit einer Größe von etwa 18 m das drittgrößte Lebewesen der Erde. Sein Gewicht beträgt zwischen 35 und 80 t. Als bester Taucher aller Säugetiere taucht der Pottwal in bis zu 2000 m Tiefe nach Tintenfischen und Riesenkalmaren. Der Unterkiefer ist mit spitzen Zähnen besetzt. Der Pottwal wurde von der Walfangindustrie fast ausgerottet.

nach hinten versetzte Rückenflosse.

leicht gebogener Oberkiefer

lange, tiefe Kerben

Mit seinen bis zu 27 m Länge ist der **Blauwal** das größte Lebewesen der Erde. Sein Gewicht von bis zu 140 t entspricht 25 Elefanten. Obwohl er so schwer ist, ist er wegen seines stromlinienförmigen Körperbaus sehr beweglich. Im Sommer hält er sich in der Antarktis auf, die übrige Zeit lebt er in tropischen Meeren.

Der **Buckelwal** ist als „singender Wal" bekannt. Er gibt lange, fast melodische Töne von sich, die wie elektronische Musik klingen. Ein Mensch kann diese Klänge bis zu 30 km weit hören. Während der Paarungszeit schlägt der 18 m lange und etwa 33 t schwere Koloss mit dem Schwanz oder mit der Brustflosse auf die Wasseroberfläche und springt mit einem Salto akrobatisch über das Wasser.

Verschieden große Warzen bedecken die Kiefer.

Mit 400 Barten siebt der Wal Meeresplankton aus dem Wasser.

Die Brustflossen sind 5 m lang.

• TRACK 9 •
AM MEER
BUCKELWAL
Weitere Infos auf CD!

Unter allen Walen gehört der **Schwertwal**, auch **Orka** genannt, zu den größten Raubtieren. Deshalb wird er oft als „Killerwal" bezeichnet. Auf seinem Speiseplan stehen Robben, Delfine, Pinguine, Fische, Schildkröten und Haie. Dieser etwa neun Meter lange und acht Tonnen schwere Wal lebt und jagt in Gruppen von zehn Tieren.

Die schwarz-weiße Färbung ist das Erkennungszeichen.

Der Schwertwal muss alle drei bis vier Minuten zum Atmen auftauchen.

Bedrohter Glattwal

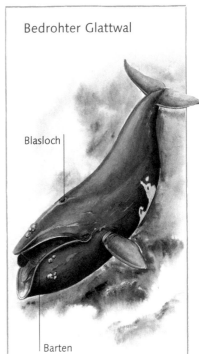

Blasloch

Barten

Der **Südliche Glattwal**, auch **Südkaper** genannt, hat einen riesigen Kopf mit einem ungewöhnlich gebogenen Oberkiefer. Dort hängen bis zu 300 Barten herab, mit denen er kleine Krustentiere aus dem Wasser filtert. Beim Ausatmen stößt er aus zwei Blaslöchern auf dem Kopf einen hohen Wasserstrahl aus.

Diese Walart vermehrt sich nur sehr gering. Etwa alle drei bis sechs Jahre bekommt ein Weibchen ein Junges.

Weltweit gibt es, auch wegen der Walfänger, nur noch 3000 Exemplare.

Intelligent und verspielt

Delfine sind in allen Weltmeeren zu Hause. Menschen lieben die Tiere, weil sie als verspielt und intelligent gelten. Sie können eine Geschwindigkeit von über 40 km/h erreichen, wobei sie oft über die Wasseroberfläche hinausspringen. Häufig werden Schiffe auf offener See von Delfingruppen begleitet.
Da die Tiere nicht scheu und sehr einfühlsam sind, werden sie zur Therapie behinderter Menschen eingesetzt. Es ist schon vorgekommen, dass Delfine Menschen vor angreifenden Haien oder anderen Gefahren gewarnt und gerettet haben. Ihr Kommunikationssystem gilt als rätselhaft und perfekt.

Elegant springen Delfine über die Wasseroberfläche. Elegant schwimmt auch der Manta trotz seiner Größe und Spannweite der Flügelflossen durch die Meere. Und auch Haie gleiten auf der Suche nach Beute elegant und schnell durch die Unterwasserwelt.

Delfin

Großer Tümmler

Der **Delfin** und der **Große Tümmler** sind die bekanntesten der 30 Delfinarten. Ihre Kieferknochen enthalten zahlreiche Zähne, um Kopffüßer und Fische zu jagen. Ständig kommunizieren die Tiere mit Klicklauten. Diese Laute dienen zur Orientierung und funktionieren wie ein Radar.

Der **Beluga** oder **Weißwal** ist auch als „Meereskanarienvogel" bekannt, weil er Geräusche wie Trillern von sich gibt. In Gemeinschaft von zehn Tieren fühlt sich der Säuger besonders wohl. Die erwachsenen Tiere sind fast weiß. Die Jungtiere sind dunkelgrau bis schwarz und später gefleckt.

Beluga

Weißer Hai

Der **Weiße Hai** ist ein Raubfisch, der größere Fische, kleinere Haie, Meeresschildkröten, Delfine und kranke Tiere jagt. Bei der Jagd taucht er bis in eine Tiefe von 1000 m. Er kann über eine Tonne schwer, bis zu 8 m lang und 30 Jahre alt werden.

FORTPFLANZUNG

Haie sind Fische und pflanzen sich durch innere Befruchtung fort. Für die Spermienübertragung sorgt beim Männchen ein Teil der Bauchflosse als Paarungsorgan. Einige Hundert Eier befestigen die Weibchen in einer Art Beutel mit besonderen Fasern an Steinen und Pflanzen oder verankern sie in Algen. Die Föten entwickeln sich darin im Verlauf mehrerer Monate. Manche Arten bringen ihre Nachkommen lebend zur Welt.

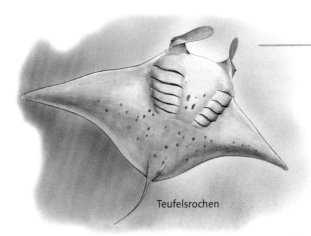

Teufelsrochen

Der **Teufelsrochen** wird auch Riesenmanta genannt. „Manta" bedeutet auf Spanisch Mantel oder Decke. Die Brustflossen sind zu spitzen „Flügeln" vergrößert, das breite Maul umrahmen zwei lange Hautlappen. Hinten mündet der Körper in einen peitschenförmigen Schwanz.

Der **Hammerhai** ist mit seinem breiten Kopf, an dem seitlich die Augen stehen, ein sehr auffälliger Fisch. Im Kopf befinden sich Sinnesorgane, mit denen er elektrische und magnetische Felder wahrnehmen kann. Das ist zur Navigation nötig, weil er meist in einer Tiefe von 500 m lebt, wo es kaum Licht gibt.

Hammerhai

141

DIE WELTMEERE

Die gesamte Meeresoberfläche bedeckt ungefähr 70 Prozent, das sind mehr als zwei Drittel, der Erdoberfläche. Die Meere beherbergen nahezu die gesamten Wasservorräte unseres Planeten. Der **Pazifische Ozean**, auch Pazifik genannt, ist mit 180 Millionen Quadratkilometern der größte unserer Ozeane. Danach folgt der **Atlantische Ozean** (Atlantik), mit 91 Millionen Quadratkilometern. Zu ihm gehört auch die Nordsee als Nebenmeer. Der **Indische Ozean** bedeckt 75 Millionen Quadratkilometer und das **Nordpolarmeer** 13 Millionen Quadratkilometer. Diese vier Ozeane und ihre Nebenmeere bezeichnen wir als Weltmeere.

Kopffüßer sind Weichtiere. Sie besitzen kein stützendes Skelett. Direkt an ihrem Kopf um die Mundregion sind lange und kurze Fangarme angewachsen. Einige von ihnen stoßen bei Gefahr Tinte aus, um im Schutz der Farbwolke zu fliehen.

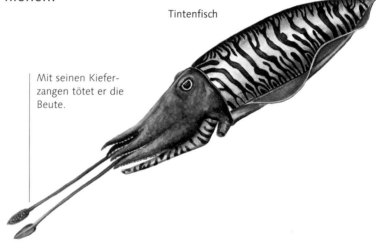

Tintenfisch

Mit seinen Kieferzangen tötet er die Beute.

Der **Tintenfisch** ist auf dem Meeresgrund des Atlantiks und Mittelmeers beheimatet. Dort jagt er Krustentiere, Fische und Weichtiere. Um die Mundregion hat er zehn Fangarme, zwei längere und acht kurze. Muss er fliehen, sondert er einen grauen Farbstoff ab und nutzt eine Art Raketenantrieb, indem er Wasser aus seiner Mundhöhle ausstößt. Je nach Stimmung ist er in der Lage, seine Farbe zu ändern.

Die längsten der zehn Fangarme sind 15 m lang.

Der **Riesenkalmar** ist das größte wirbellose Tier. Sein Körper ist tütenförmig. Die Augen haben einen Durchmesser von etwa 40 cm. Mit seinem hackenförmigen Schnabel öffnet der Kalmar die Schalen der erbeuteten Krabben, Krebse, Muscheln und Schnecken. Die Beute wird mit der scharfen Raspelzunge zerkleinert.

Riesenkalmar

Ein Saugnapf ist etwa 15 cm groß.

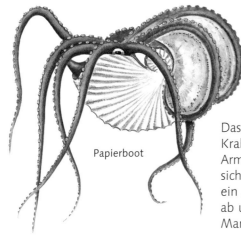

Papierboot

Das Seepferdchen

Das **Papierboot** hat – wie alle Kraken – acht gleich lange Arme. Beim Männchen trennt sich während der Paarung ein Arm mit den Spermien ab und wandert in die Mantelhülle des Weibchens.

Das **Perlboot** oder **Schiffsboot** hat mit rund 90 Fangarmen die meisten Fangarme aller Kopffüßer. In der größten Kammer seiner dünnen spiralförmigen Schale, die im Inneren in 30 Kammern aufgeteilt ist, steckt der Weichkörper. Durch Regulierung der Gasfüllung in den anderen Kammern kann das Perlboot auf- oder abtauchen.

Perlboot

Das **Langschnäuzige Seepferdchen** zählt zu den Fischen. Es hat einen zerbrechlichen Körper, einen pferdeartigen Kopf mit röhrenförmigem Mund und einen länglichen Kringelschwanz. Damit hält es sich an Wasserpflanzen fest. Nach dem Hochzeitsspiel übergeben die Weibchen den Männchen die Fischrogen (Fischeier) in einen besonderen Sack am Bauch. Hier können sich die Nachkommen ungestört entwickeln. Die Seepferdchen halten sich meistens in flachen Küstengebieten in einer Tiefe von einem halben bis einem Meter auf, wo es Algen gibt.

Schwämme
Der einfache, organlose Körper wird durch ein Skelett aus Kalk, Horn oder Kieselsäurenadeln gestützt.
Der **Neptunsbecher** lebt in einer Tiefe von 150 bis 300 m.
Stirbt der **Gießkannenschwamm** ab, kommt das schöne Hornskelett zum Vorschein.

Neptunsbecher

Gießkannenschwamm

SCHNECKEN UND MUSCHELN

Schnecken und Muscheln sind Weichtiere und leben auf dem Meeresboden. Anders als die Kopffüßer schwimmen sie nicht im Meer umher, sondern bleiben meist an einem Platz.

Die Grundbausteine ihres weichen Körpers sind der Eingeweidesack, der muskulöse Fuß und der drüsenreiche Mantel. Die Drüsen bilden den Stoff zum Aufbau des Kalkgehäuses. In die meist spiralförmig gedrehten Schneckenhäuser verkriechen sich Schnecken bei Gefahr. Muschelschalen bestehen aus zwei Klappen, die durch ein Schloss wie ein Scharnier zusammengehalten werden.

Von den Meeresmuscheln gibt es etwa 60 000 Arten, von den Meeresschnecken sogar drei- bis viermal so viele.

Harte Schale weicher Kern. Die harte, äußere Schale dient Muscheln, Schnecken, Krebsen und Krabben zum Schutz vor Fressfeinden und zur Tarnung am Meeresboden. In allen Meeren sind diese Tiere zu Hause. Es gibt sie in unzähligen Arten, Formen und Farben.

Venuskamm

Jakobsmuschel

Tiger-Kaurischnecke

Tritonshorn

Marmorkegel-schnecke

Fechterschnecke

• TRACK 9 •
AM MEER
MUSCHELN
Weitere Infos auf CD!

Miesmuscheln bilden an Küsten große Kolonien und sorgen für die Säuberung des Wassers. Sie sind ein wichtiges Glied der Nahrungskette von Küstentieren.

Die Auster mit ihren dicken Klappen lebt in einer Tiefe von 30 m. Ihr Fleisch ist eine beliebte Delikatesse.

Gruß aus der Urzeit
Die Käferschnecke zählt zu den sogenannten Urmündern. Bei diesen Tierchen handelt es sich um eine sehr alte Gruppe. Ihr Gehäuse besteht aus acht Plättchen. Tagsüber saugt sich die Käferschnecke an Steinen und Felsen fest. So kann sie auch den stärksten Wellen standhalten. Nachts kratzt sie Algen von den Steinen, von denen sie sich ausschließlich ernährt.

Einsiedlerkrebs

Der **Einsiedlerkrebs** versteckt sein weiches Hinterteil in einem leeren Schneckenhaus. Den Eingang versperrt er mit einer großen Krebsschere. Er lebt oft in einer Art „Wohngemeinschaft" mit Stachelpolypen, die auf der Schale siedeln und ihn mit ihren Nesselfäden verteidigen.

Der **Pfeilschwanzkrebs** trägt einen hufförmigen, stark gegliederten Schutzschild, der am Ende einen langen Schwanz hat. Mit seinen seitlichen Stacheln am Hinterteil durchstöbert er den Boden nach Würmern.

Pfeilschwanzkrebs

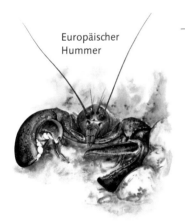

Europäischer Hummer

Der **Europäische Hummer** besitzt riesige Krebsscheren. Damit öffnet er Muscheln. Nachts begibt er sich auf Nahrungssuche. Den Tag verbringt er in verschiedenen Verstecken zwischen Felsen. Der Panzer schützt die weichen Körperteile.

Die **Japanische Riesenkrabbe** ist die größte Krabbe. Ihr Körper ist klein und nach hinten geklappt. Sie besitzt vier Beinpaare und ein Paar Krebsscheren. Vorne strecken sich kurze Fühler. Ihr Biss ist sehr unangenehm. Sie jagt Krustentiere, Weichtiere und Würmer.

Japanische Riesenkrabbe

Die Entenmuschel

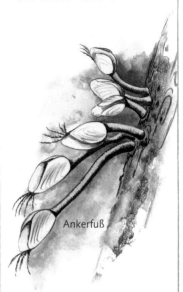

Ankerfuß

Die **Entenmuschel** ist in Wirklichkeit ein Krebstier. Ihr Körper ist von einem Gehäuse aus fünf beweglichen Kalkplättchen bedeckt. Daraus ragt am einen Ende ein langer Ankerfuß heraus. Die schwimmende Larve setzt sich nicht mit den Beinen, sondern mit den Fühlern auf dem Untergrund in Bewegung. Mithilfe von Zementdrüsen „betoniert" sie sich am harten Meeresboden, auf Holzpfählen oder Schiffsrümpfen fest. Durch die ständige Strudelbewegung der zwölf Rankenfüße versorgt sie sich mit Frischwasser und Plankton. Bei Ebbe schließt sie mit den Kalkplättchen ausreichend Wasser ein und wartet auf die Flut.

Bewohner polarer Gebiete

DIE ANTARKTIS

Die Antarktis ist der lebensfeindlichste Ort der ganzen Erde. Sie ist von allen Seiten von Meer umgeben, entweder vom Atlantischen, Pazifischen oder Indischen Ozean. Ihre Fläche wird zu 98 Prozent von einer Eisdecke bedeckt, die an manchen Orten über 4000 m dick ist. Nur an den Küstengebirgen gibt es eine karge Gesteinsoberfläche.

Die durchschnittliche Jahrestemperatur der Luft liegt zwischen –10 und –25 °C. Starke Winde und Schneestürme verschärfen die klimatischen Bedingungen. Pflanzen existieren kaum, lediglich Algen und Flechten. An den Küstenstreifen gibt es nur vereinzelt Moose und es wachsen einige niedrige Gräser.

Die Polargebiete mit ihren eisigen Temperaturen bieten nicht nur Wassertieren eine Heimat. Hier leben auch Säugetiere und Vögel, denen das Meer als Nahrungsquelle dient. Jedes Lebewesen hat sich an die unwirtlichen Lebensräume angepasst.

Kaiserpinguine

Kaiserpinguine sind mit einer Größe von 1 m und einem Gewicht von etwa 30 kg die größten Vertreter der Pinguinfamilie. Im Sommer legt das Weibchen an Land ein Ei und übergibt es dem Männchen, das es bei eisiger Kälte auf den Eisebenen der Antarktis wärmt. Die Weibchen ziehen zum Meer, um Nahrung zu fangen. Nach ihrer Rückkehr gehen die Männchen fischen. Wenn die Jungtiere groß genug sind, ziehen alle gemeinsam zum Meer.

Seeleopard

Die größte Bedrohung für Pinguine sind die **Seeleoparden**. Sie jagen aber auch Fische, Krustentiere, junge Robben und Kopffüßer. Der Seeleopard hat einen sehr schlanken Körper, weil er eine ungewöhnlich dünne Fettschicht unter der Haut hat. Unter Wasser verständigen sich die Tiere durch dröhnende Töne.

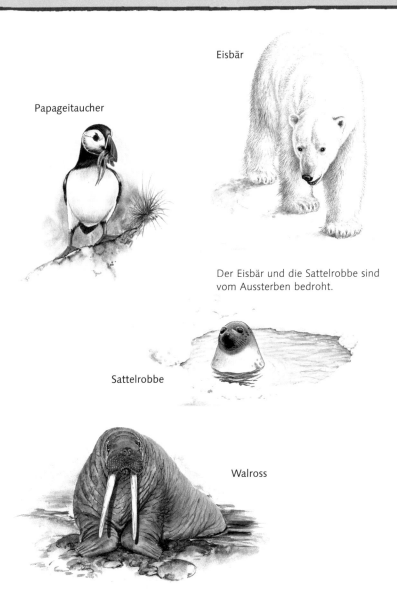

Eisbär

Papageitaucher

Der Eisbär und die Sattelrobbe sind vom Aussterben bedroht.

Sattelrobbe

Walross

NORDPOL IN GEFAHR

Der Nordpol, auch **Arktis** genannt, liegt inmitten des Nordpolarmeeres. Auch er ist mit seinem rauen Klima, starken Winden und einem mageren Pflanzenwuchs ein extremer Lebensraum. Riesige Eisberge, von denen immer wieder große Eisschollen abbrechen und forttreiben, prägen das Bild dieser Region. Seehunde, Walrösser, Sattelrobben, Polarfüchse und Papageitaucher haben sich hier angesiedelt. Am bekanntesten sind die Eisbären. Die weltweite Klimaveränderung führt zu einer Abschmelzung der Pole. Das heißt, die zusammenhängenden Eisflächen nehmen ab, weil immer mehr Schollen abbrechen. Dadurch schrumpft der Lebens- und Jagdraum für viele Tierarten, insbesondere für Eisbären.

Südamerikanische Seelöwen
Die Männchen haben eine dichte Mähne am Hals. In der Paarungszeit versammeln sich Südamerikanische Seelöwen an felsigen Ufern, wo sie zu Tausenden dicht aneinanderliegen. Sobald das Weibchen nach einjähriger Tragezeit ihr einziges Junges geboren hat, kommt es unmittelbar danach wieder zur Paarung. Die Mutter stillt das Jungtier über ein Jahr. Meist kommen die Tiere nur zum Sonnen auf das Festland.

Giftige Meeresbewohner

DAS OFFENE MEER

Meere sind in unterschiedliche Zonen eingeteilt, je nachdem in welcher geografischen Breite und in welcher Klimazone sie liegen. Doch die Lebensbedingungen für die dort lebende Tier- und Pflanzenwelt ändern sich auch mit der Tiefe. Klima, Sonnenlicht und Meeresströmungen beeinflussen nur die Oberfläche bis in eine Tiefe von etwa 200 m. Darunter nimmt das Licht ständig ab und ab 800 m tritt völlige Dunkelheit ein.

Um ein Revier zu verteidigen, sich vor Feinden zu schützen oder um selbst erfolgreich Beute zu erlegen, setzen einige Tiere Gift ein, das sie in Drüsen bilden. Die Wirkung für die Opfer kann schmerzhaft, betäubend oder tödlich sein.

Die Plättchen-Seeschlange schwimmt mithilfe des an den Seiten abgeflachten Ruderschwanzes und atmet durch Nasenlöcher, die sich oben an der Schnauze befinden. Wird sie von einer Welle ans Ufer geworfen, ist sie vollkommen hilflos. Sie ernährt sich von Fischen und Kleinlebewesen der Korallenriffe. Das stark wirkende Gift lähmt Nerven und Muskeln. Das gebissene Opfer erstickt.

Plättchen-Seeschlange

Rotfeuerfisch

Die Pyjamaschnecke hat kein Gehäuse. Mit ihrem Aussehen hat sie sich an das Leben in bunten Korallenriffen angepasst. Sie ernährt sich von Schwämmen und Korallenpolypen, deren Nesselgifte ihr nicht schaden. Sie nimmt vielmehr die Giftstoffe mit ihrer Haut auf, um Feinde abzuwehren.

Der Rotfeuerfisch ist mit langen Stacheln ausgestattet, die mit Giftdrüsen verbunden sind. Sie dienen zur Abwehr von Fressfeinden. Zum Jagen von Krustentieren und kleineren Fischen nutzt er sie nicht. Er nähert sich langsam seinem Opfer, öffnet das große Maul und saugt dann die Beute ein. Für den Menschen ist ein Stich sehr schmerzhaft,

Pyjamaschnecke

Streifenmuräne

Du kennst sie bestimmt aus einem Aquarium im Zoo: die **Muräne**. Ihr natürlicher Lebensraum sind auch die europäischen Meeresküsten vor Nordafrika und das Mittelmeer. Sie hat einen schlangenförmigen, glatten Körper, der von einem Flossensaum umrahmt wird. An felsigen Küsten verbirgt sie sich in den Ritzen der Felswände und lauert auf Beute. Sie ist sehr räuberisch und gefräßig und greift alles an, was sich bewegt. Ihr Blut enthält giftige Eiweißstoffe. Gelangt nur ein winziger Tropfen ihres Blutes in eine Verletzung, können schwere Komplikationen auftreten. Die Römer züchteten Muränen in großen Steingefäßen und fütterten sie mit dem Fleisch verurteilter Sklaven.

Der Körper der **Leuchtqualle** ist aus einem durchsichtigen, gallertartigen Stoff, in dem die Verdauungs- und Fortpflanzungsorgane gut zu erkennen sind. Sie schwimmt frei an der Wasseroberfläche und ernährt sich hauptsächlich von Plankton. Größere Beutetiere betäubt sie mit ihren giftigen Nesselzellen an den Tentakeln.

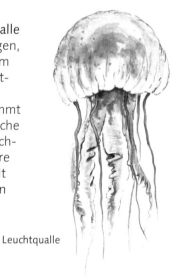

Leuchtqualle

HOHLTIERE

Hohltiere leben im Süßwasser aber auch im Meer. Korallen und Quallen sind Hohltiere. Sie besitzen kein Herz und kein Gehirn. Ihr Körper besteht aus einer zweischichtigen Wand. Im Innern ist ein Hohlraum. Sie besitzen Fangarme und Nesselzellen. Einige Quallen haben giftige Nesselzellen, die bei Berührung Verbrennungen hervorrufen. Das Gift der **Australischen Seewespe** ist absolut tödlich.

• TRACK 9 •
AM MEER
LEUCHT-QUALLE
Weitere Infos auf CD!

Kleiner Drachenkopf

Der **Kleine Drachenkopf** lebt an den wärmeren Küsten europäischer Meere. Er hat einen auffällig großen Kopf, der mit Dornen gespickt ist, ein breites Maul, große Brustflossen und eine auffällige Farbe. Einige Dornen auf den Flossen tragen Giftdrüsen. Auch Menschen können sich daran verletzen. Meist liegt er auf dem Meeresgrund und macht nur eine schnelle Bewegung, wenn er Beute in der Nähe wittert.

Korallenriffe

ARTENREICHTUM

Korallenriffe sind die artenreichsten Ökosysteme der Welt. Sie werden von mehr als 70 000 Lebewesen besiedelt. Korallenstöcke entstehen durch das Wachstum von Polypen, die ihren weichen Körper mit einem Gehäuse aus Kalk schützen. Neue Kolonien wachsen auf den abgestorbenen Resten. So bauen sie im Lauf von Millionen Jahren große Kalkplattformen, Kalkriffe und Inseln auf. Korallenriffe existieren ausschließlich in flachen Gewässern, denn zum Leben brauchen die Blumentiere genügend Plankton, Sonnenlicht und eine Wassertemperatur von 20 bis 30 °C.

Formenvielfalt
Korallen bilden die vielfältigsten Formen und Farben und haben daher auch ihre Namen erhalten. Man unterscheidet zum Beispiel **Sternkorallen**, deren Skelette an Zahnräder erinnern, **Geweihkorallen**, die einem Hirschgeweih ähneln, **Blasenkorallen**, die wie eine Ansammlung von weißen Seifenblasen wirken, **Hirnkorallen**, die wie die Furchen eines Gehirns geformt sind, oder **Fächerkorallen**.

Korallenriffe bilden eine farbenfrohe Unterwasserwelt mit fantastischen Fischen und Meerespflanzen, die besonders Taucher anzieht. Nicht nur die Korallen selbst, auch die hier lebenden Fische übertreffen sich an Formenvielfalt und Farbenpracht.

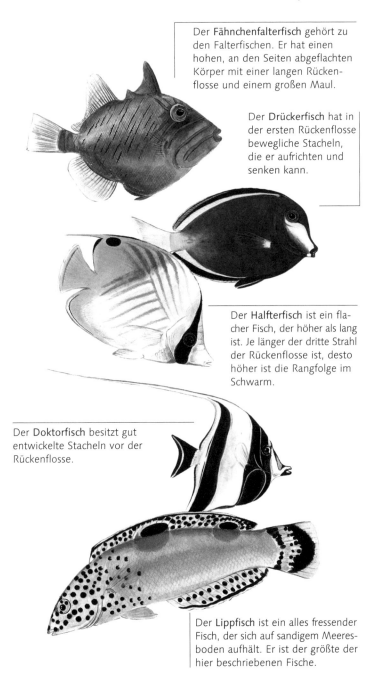

Der **Fähnchenfalterfisch** gehört zu den Falterfischen. Er hat einen hohen, an den Seiten abgeflachten Körper mit einer langen Rückenflosse und einem großen Maul.

Der **Drückerfisch** hat in der ersten Rückenflosse bewegliche Stacheln, die er aufrichten und senken kann.

Der **Halfterfisch** ist ein flacher Fisch, der höher als lang ist. Je länger der dritte Strahl der Rückenflosse ist, desto höher ist die Rangfolge im Schwarm.

Der **Doktorfisch** besitzt gut entwickelte Stacheln vor der Rückenflosse.

Der **Lippfisch** ist ein alles fressender Fisch, der sich auf sandigem Meeresboden aufhält. Er ist der größte der hier beschriebenen Fische.

Atolle
Korallenriffe werden in drei
Typen aufgeteilt:

Manche Inseln werden am Rand
von Riffen umrahmt (1).

Brandungsriffe sind durch
Lagunen vom Ufer getrennt (2).

Atolle schließen Lagunen ohne
zentrale Insel in sich ein (3).

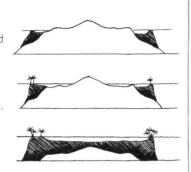

Edelkoralle

Der **Igelfisch** kann mit den scharfen Zähnen oder mit der Bewegung der Schwimmblase Töne erzeugen. Die Haut ist von starken Dornen überzogen. Der Igelfisch kann seinen ganzen Körper kugelförmig aufpumpen und schreckt dadurch seine Feinde ab. Er führt ein Nachtleben und ernährt sich von Muscheln, Schnecken und Würmern.

Die **Edelkoralle** ist ein sesshaftes Lebewesen. Ihr länglicher Körper besteht großteils aus dem inneren Verdauungshohlraum mit seinen Trennwänden. Die Mundöffnungen umgibt ein Kranz beweglicher Fangarme mit Nesselzellen. Diese Korallenart bildet 20 bis 40 cm hohe strauchartige Büschel. Ihre Zweige haben einen Durchmesser von 2 bis 4 cm. Edelkorallen leben in einer Tiefe von 30 bis 200 m. Das Hornskelett hat eine kräftige rote Farbe. Das Abbrechen von Korallen als Souvenir ist verboten und wird streng bestraft.

Die **Dornenkrone** ist ein Seestern und erinnert an einen Igel, denn ihr Körper ist von kurzen Stacheln übersät. Sie hat ein räuberisches Verhalten und frisst die Korallenpolypen ab. Dazu stülpt sie ihren Magen aus dem Körper heraus und benetzt die Polypenschalen mit Magensäure, die sich dadurch zersetzen und ausgesaugt werden können.

DIE TIEFSEE

Wissenschaftler hielten die Tiefsee lange Zeit für „tot", das bedeutet „ohne Leben". Doch sie mussten Ihre Meinung ändern. Mit zunehmender Tiefe nimmt die Anzahl an Lebewesen zwar ab, aber selbst in einer Tiefe von acht bis elf Kilometern leben Tiere. Diese Tiere müssen mit außergewöhnlichen Bedingungen wie ewiger Dunkelheit, riesigem Wasserdruck, kalten Temperaturen, sauerstoffarmem Wasser und mit einem geringen Nahrungsangebot zurechtkommen.

Das Leben in diesen Tiefen hat aber auch seine Vorteile. Es ist ein Gebiet, das von den Jahreszeiten, von Ebbe und Flut, von einem großen Wellengang und von den Meeresströmungen nicht beeinflusst wird. Auch die Verschmutzung des Wassers ist hier viel geringer.

Die Tiefsee ist trotz hochentwickelter Technik immer noch das am wenigsten erforschte Gebiet der Erde. Wo kein Licht ist, gibt es kaum Pflanzenwachstum. Tiere, die hier leben, haben sich an das nährstoffarme Leben in Dunkelheit angepasst.

Tiefseeanglerfische benutzen verschiedene Tricks, um Beute anzulocken: Bei diesem Fisch hier ist der erste Strahl der Rückenflosse extrem in die Länge gezogen. Er ist viermal länger als der Fisch selbst. An seinem Ende befindet sich eine Verdickung, welche die Funktion eines ausgelegten Köders an einer Angelschnur übernimmt.

Tiefseeanglerfisch

Das **Silberbeil** wird auch als Leuchtfisch bezeichnet.

Dieser kleine silbrige Fisch mit den hässlichen Augen hat einen seitlich abgeflachten Körper, damit er dem riesigen Wasserdruck besser standhalten kann. Die Leuchtorgane geben ein grünlich bläuliches Licht ab und befinden sich an verschiedenen Stellen des Körpers, am dichtesten jedoch am Bauch.

Schwertfisch

Der Oberkiefer des **Schwertfisches** läuft am Ende spitz zu. Sein Körper ist von einer rauen Haut überzogen, die sich aus winzigen Hautzähnen zusammensetzt. Bei der Jagd nach Makrelen und Heringen taucht er in eine Tiefe von 800 m. Der Zweck seines Schwertes konnte bis heute nicht eindeutig geklärt werden.

Weichkopf-
Grenadier

Typisch für Anglerfische ist der kurze Körper, der entweder von oben oder von der Seite abgeflacht oder kugelförmig ist. Das Weibchen des **Teufelsanglers** hat auf dem Kopf zwei Hörner. Auf dem Oberkiefer leuchtet ein Köderorgan, mit der es Beute anlockt. Am Unterkiefer befinden sich lange Fühlfäden. Das Männchen ist bei manchen Arten bis zu zehnmal kleiner und hält sich am Weibchen fest, von dem es auch ernährt wird.

Der **Weichkopf-Grenadier** und weitere 300 ähnliche Arten bilden die zahlreichste Gruppe innerhalb der Tiefseefische. Der Kopf dieses Fisches ist ungewöhnlich groß. Am Bauch hat er ein besonderes Organ, das im Dunkel der Tiefsee leuchtet. Fast alle Tiere, die in der lichtlosen Tiefsee leben, haben Leuchtorgane. Sie brauchen sie zur Orientierung, als Lockmittel zum Beutefang oder zur Partnersuche.

leuchtendes
Köderorgan

Teufelsangler
(Weibchen)

Lebendes Fossil
Der **Quastenflosser** gehört zu den außergewöhnlichsten Bewohnern des Meeresgrundes. Man bezeichnet ihn als „lebendes Fossil", denn sein Stammbaum reicht bis in die Zeit vor 350 Millionen Jahren zurück. Lange Zeit galt der Fisch als ausgestorben. Er blieb deshalb so lange unentdeckt, weil er in einem wenig bekannten Bereich in der Nähe der Komoren-Inseln bei Madagaskar in großer Tiefe vorkommt. Den Tag verbringt er in Höhlen in 200 bis 400 m Tiefe. Die Flossenbewegung gleicht mehr der eines Landtiers als der eines Fisches. Er ist ein Raubfisch.

Der Weißgesicht-Seidenschnabel lebt nur in der Antarktis.

Tierarten drohen auszusterben, wenn ihnen ihre natürlichen Lebensgrundlagen entzogen werden. In erster Linie ist das ein schwindendes Nahrungsangebot. Dies passiert, wenn zum Beispiel durch Klimaveränderung ganze Jagdgebiete verkleinert werden oder wenn sich bestimmte Pflanzen und Lebewesen nicht mehr in ausreichender Zahl behaupten können, um auch als Nahrung für andere zu dienen. Daran ist auch der Mensch schuld.

INSELN

Inseln unterscheidet man in zwei Haupttypen: Die kontinentalen Inseln liegen in der Nähe des Festlands. Die hier lebenden Tiere ähneln denen des benachbarten Festlands. Oft findet sogar ein Austausch statt.
Die isolierten Ozeaninseln sind dagegen meist durch Vulkanausbrüche oder durch die Tätigkeit von Korallen entstanden. Die Anzahl der Tiere, die vom Festland abstammen, ist dort sehr klein, weil diese Inseln nur auf dem Luftweg oder durch schwimmende Tiere erreichbar waren und sind. Hier hat sich oft eine ganz eigene Tier- und Pflanzenwelt entwickelt. Ändert sich nur ein einziger Faktor, dann hat dies oft tiefgreifende Folgen für den Bestand der Arten auf einer Insel.

Früher wurden **Seeotter** wegen ihres Fells gejagt. Inzwischen sind sie unter Schutz gestellt. Trotzdem verfangen sie sich oft in den Schleppnetzen von Fischkuttern.

Der **Mondfisch** sieht wie ein schwimmender Kopf ohne Körper aus. Seine grobe, kahle, schuppenlose Haut ist stellenweise bis zu 15 cm dick. Mit 1,5 t und einer Größe von 3 m ist er ein Riese.

Die Beine der **Karettschildkröte** sind zu Schwimmflossen umfunktioniert. Ihr gebogener Schnabel hat eine gewaltige Kraft. Sie kann 75 kg schwer und 1 m groß werden.

Dugongs sind Seekühe. Sie gehören zu den seltenen Säugetieren mit sechs Halswirbeln. Ausgewachsene Exemplare erreichen ein Gewicht von 900 kg und eine Länge von 4 m.

Die Galapagosinseln

Der Körper der **Galapagos-Riesenschildkröte** ist von einem großen Panzer umgeben, aus dem nur die säulenförmigen Beine und der Kopf mit dem langen Hals herausschauen. Der Panzer besteht aus Knochenplatten, die mit einer festen Hornhaut überzogen sind. Langsam bewegen sich die Tiere durch die Landschaft und suchen nach saftigen Pflanzen und nach Sümpfen, in denen sie sich gern wälzen.

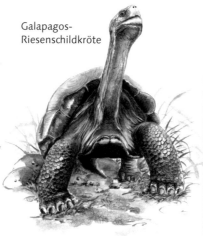

Galapagos-Riesenschildkröte

Galapagostaube

Von den 57 Vogelarten der Galapagosinseln lebt fast die Hälfte nur hier. Dazu gehört auch die **Galapagostaube**. Sie ist viel kleiner als unsere Haustaube und ernährt sich hauptsächlich von Samen, Insekten und Kakteenfleisch.

Die **Meerechse** erinnert an ein vorzeitliches Meerungeheuer. Als einzige Meerechse taucht sie unter die Wasseroberfläche, um Wasserpflanzen und Algen von den Felsen abzuweiden. Damit sie sich im Wasser gut bewegen kann, ist ihr Schwanz an den Seiten abgeflacht und die Zehen sind mit Schwimmhäuten ausgestattet.

Meerechse

Stummel-kormoran

GESCHÜTZTES PARADIES

Die **Galapagosinseln** sind für Naturwissenschaftler ein faszinierendes Fleckchen Erde. Sie bilden eine Inselgruppe aus dreizehn größeren und siebzehn kleineren ozeanischen Inseln, die etwa eintausend Kilometer vor Ecuador im Ostpazifik liegen. Sie sind vulkanischen Ursprungs und weitestgehend vom Festland abgeschottet. Durch ihre isolierte Lage bieten sie optimale Voraussetzungen für geologische, botanische und zoologische Forschungen. Über Jahrtausende hinweg haben sich auf den kahlen und felsigen Inseln nur solche Tiere angesiedelt, die schwimmend oder fliegend hierherkommen konnten. Der Forscher Charles Darwin hat hier seine berühmte „Evolutionstheorie" entwickelt, die besagt, dass immer nur die stärksten Arten durch Anpassung an (neue) Lebensbedingungen überleben. Inzwischen sind einige Arten vom Aussterben bedroht. Deshalb ist dieses Naturparadies heute streng geschützt.

Register

A

Aasfresser (Insekten) 45
Aaskäfer 45, 51
Aaskrähe 7
Abendpfauenauge 57, 115
Achateule 57
Acker-Gauchheil 63
Ackerhahnenfuß 62
Ackerkratzdistel 135
Ackerrittersporn 83
Ackertäschelkraut 80
Ackerwinde 60, 82
Adlerfarn 98
Admiral 49, 56
Adonislibelle, Frühe 56
Adonisröschen 82
Agrotis-Motte 127
Ahorn 86, 89, 93, 107
Algen 72
Alpenbärentraube 68
Alpenberufkraut 68
Alpenfrauenmantel 69
Alpentragant 69
Alpenvergissmeinnicht 69
Ameise 35, 40, 41, 46, 98, 121
Ameisenkönigin 46
Amphibien 132, 133
Amsel 7, 23, 28, 115, 118
Anglerfische 152, 153
Anpassung 74
Antarktis 146
Arbeiterin 46, 47, 59
Arzneibaldrian 71
Assel 35, 115, 125
Aster 49, 60, 128
Atlantik 142
Atlaszeder 88
Atolle 151
Aurorafalter 44, 56, 115
Ausrüstung, Insektenforscher 54, 55
Ausrüstung, Vogelkundler 22
Auster 144
Austernfischer 24
Azurjungfer 53

B

Bachläufer 53
Bachnelkenwurz 65, 71, 82
Baldachinspinne 123
Baldrian 71
Balz 8
Basstölpel 17
Baummarder 98
Befruchtung (Wildblumen) 64
Beinwell 70
Beluga 140
Bergahorn 93, 107
Bergsandglöckchen 68
Besenheide 68, 131
Bestäubung 65
Best.-Merkmale, Bäume 86–93
Best.-Merkmale, Insekten 34–37
Best.-Merkmale, Vögel 6 f.
Best.-Merkmale, Wildblumen 62 f.
Bibernellrose 130
Biene 47, 59, 120, 128, 134
Bienenkönigin 47
Birke 102, 106, 108
Birkenspanner 120
Birkhuhn 19, 98
Birnbaum 105
Blässhuhn 23, 31
Blätter, Bäume 86, 88 f.
Blätter, Wildblumen 62, 63
Blatthornkäfer 134
Blattkäfer 56

Blattknoten 92
Blattlaus 37, 45, 50, 58
Blattroller 100
Blattwanze 51, 58, 134
Blattwespe 121
Blaukissen 49
Bläuling, Gemeiner 56
Blaumeise 26, 99, 119
Blauwal 138
Blindschleiche 135
Blumenwanze 45
Blutbuche 89
Blüten, Bäume 87, 90
Blüten, Wildblumen 62
Blutweiderich 82
Blutzikade 35, 58
Bockkäfer 41, 51
Borke 102
Borkenkäfer 50, 120
Brachvogel, Großer 7, 24, 30
Brandgans 16
Brandseeschwalbe 24
Brauner Bär 49, 120
Braunes Langohr 99, 127
Brennnessel 76
Brennnesselzünsler 57
Bruchweide 89, 103
Brunnenkresse 73
Buche 66, 86, 89, 93, 102, 106
Buchecker 66
Buchensteckfuß 57
Bücherlaus 59
Buchfink 12, 27, 118
Buckelwal 139
Buntspecht 28, 98, 114
Buschwindröschen 63, 67, 99
Bussard 19, 29

C

Cerci 41
C-Falter 49
Chrysantheme 111

D

Dachs 99
Dahlie 111
Darwin, Charles 155
Dattelpalme, Kanarische 87
Delfin 140
Distel 70
Dohle 24, 30
Doktorfisch 150
Dornenkrone 151
Douglasie 104
Drachenkopf, Kleiner 149
Drohne 46, 47
Drückerfisch 150
Dugong 154

E

Eberesche 91, 107
Edelkoralle 151
Efeu 99, 128
Ehrenpreis 67, 83
Eibe 90, 104
Eiche 66, 86, 89, 91, 93, 94, 99, 101, 102, 105, 108
Eichel 66
Eichelbohrer 50
Eichelhäher 12, 24
Eichengallen 51, 101
Eichenspanner 50, 57
Eichenspinner 131
Eichenwickler 51, 100
Eichhörnchen 24, 25, 98, 136

Einsiedlerkrebs 145
Eintagsfliege 37, 52, 59
Eisbär 147
Eissturmvogel 17
Eisvogel 8, 15, 23, 27
Elster 21, 24, 30, 128
Englische Ulme 91, 106, 108
Ente 8, 14, 15, 23, 31
Entenmuschel 145
Erdbeerschnecke 135
Erdkröte 99, 126, 129, 132
Erdrauch, Gewöhnlicher 82
Erle 93, 106
Esche, Gemeine 89, 93
Esskastanie 91, 93, 105
Eulen 24, 29, 98
Evolutionstheorie 155

F

Fähnchenfalterfisch 150
Falke 21, 28
Fangnetz 54, 55
Färber-Hundskamille 81
Farn 98
Fasan 23, 30, 99, 131
Faulbaumbläuling 128
Fechterschnecke 144
Federn 24, 25
Feige 91
Feldahorn 89, 107
Feldheuschrecke 36, 131
Feldlerche 20, 27
Feldsperling 27
Felsengreiskraut 79, 135
Felsennabelkraut 79
Felsenpark 75
Felsentaube 21
Fernglas 22
Fetthenne 49, 80
Fettkraut, Gewöhnliches 68
Feuerfalter, Kleiner 49, 120
Feuerkäfer, Scharlachroter 56, 115, 120
Fichte, Gemeine 87, 88, 90, 92, 98, 104, 108
Fichtengallläuse 100
Fichtenkreuzschnabel 98
Fingerhut, Roter 63, 76
Fingerkraut, Kriechendes 77
Fitis 11
Flachs 83
Flachwasserzone 73
Flatterbinsen 73
Fleckenschildwanze 58
Fleckenspanner 50
Fledermaus 99, 127
Fleischfliege, Graue 58
Fleischrotes Knabenkraut 71
Fliege 35, 36, 37, 38, 43, 52, 53, 58, 121, 126
Fliegenpilz 98
Floh 59
Florfliege, Gemeine 37, 38, 52, 58, 121, 126
Flussseeschwalbe 16
Froschbiss 72
Froschlöffel, Gemeiner 73
Frostspanner, Großer 50
Früchte, Bäume 87, 90, 91
Fruchtknoten 64
Fuchs 98, 127
Fühler 41
Fünffleckwidderchen 37
Futtertisch (Vögel) 129

G

Gabelschwanz, Großer 57, 120
Galapagosinseln 155
Galapagos-Riesenschildkröte 155
Galapagostaube 155
Gallen 51, 101
Gallwespe 51, 59, 101
Gamander-Ehrenpreis 67
Gammaeule 57
Gans 9, 15, 16
Gänseblümchen 65, 79, 80, 111
Gänsedistel, Dornige 78
Gänsefingerkraut 81
Gänsefuß, Weißer 135
Gartenblumen 111
Gartengrasmücke 12
Gartenlaubkäfer 60
Gartenrotschwanz 130
Gartenschnecke 115, 124
Gartenwegschnecke 124
Gartenwolfsmilch 135
Gefieder 6, 15
Geißblatt 76
Gelbrandkäfer 52, 53
Gelée royale 47
Gemüsebeet 110
Gewölle 24
Gießkannenschwamm 143
Gimpel 27, 118
Glattwal, Südlicher 139
Glockenblume, Rundbl. 63, 69, 83, 131
Glockenheide 69
Glühwürmchen 126
Goldammer 27
Goldfisch 133
Goldfliege 58, 134
Goldlack 49, 75, 78
Goldnessel 67
Goldregen 107
Goldregenpfeifer 19
Goldrosenkäfer 120, 134
Goldrute 79
Grasfrosch 114, 132, 133
Grasglucke 121, 131
Grasgurke 57
Grashüpfer 121
Grasnelke 75
Grasnelke, Gewöhnliche 130
Graugans 9, 15
Graureiher 9, 32
Greiskraut 74, 79, 135
Grillen 59
Großer Wegebreit 111
Grünaderweißling 44, 49
Grünling 7, 23, 27
Grünrüssler 56
Grünspecht 13, 99, 118

H

Hahnenfuß 62, 71, 72, 81, 135
Hahnenfuß, Scharfer 135
Hai 141
Hainbuche 106
Hainveilchen 67
Halfterfisch 150
Hallimasch (Pilz) 100
Hammerhai 141
Hänfling 27
Haselnuss 87
Haselnussbohrer 44, 100
Hasenglöckchen 66, 99
Haubentaucher 8, 31
Hauhechel, Kriechender 82
Hausmutter 121
Haussperling 27, 118
Hausspinne 123

Häutung (Insekten) 38
Hecken 76
Heckenbraunelle 23, 27, 118
Heidelbeere 68
Heimchen 120
Helmknabenkraut 77
Hemlocktanne 90, 104
Herbarium 84
Heupferd 36, 126
Heuschrecken 36, 38, 42, 59, 115, 131
Hexenring (Pilze) 112
Hirsch 130
Hirschkäfer 39, 99
Hirtentäschel 78, 113
Höckerschwan 9
Hohltiere 149
Holz 96, 97
Holzapfel 91
Honig 47
Honigbiene 47, 59
Hornisse 59, 121, 134
Hornklee, Gewöhnlicher 74, 77, 110
Hornmohn, Gelber 81
Huflattich 77, 112
Hummel 37, 59, 60, 115
Hummer, Europäischer 145
Hundertfüßer 35, 114, 125
Hundsrose 76

I

Igel 99, 126, 128
Igelfisch 151
Igelkolben, Einfacher 73
Indischer Ozean 142
Insektenstaat 46, 47
Inseln 154

J

Jagdfliege 58
Jahresringe 94, 96
Jakobsmuschel 144
Japanische Kirsche 90, 103, 105
Japanische Riesenkrabbe 145
Japanischer Fächerahorn 86
Johanniskraut, Echtes 81

K

Käferschnecke 144
Kaisermantel 121
Kaiserpinguin 146
Kalmar 142
Kamelhalsfliege 35
Kamille 79, 81
Kaninchen 99, 131
Karettschildkröte 154
Kastanie 87, 89, 91, 92, 93, 105, 107
Katzenfloh 59
Kaulquappe 53, 72, 133
Keimung (Bäume) 94, 95
Kelchblätter 62, 63
Kellerspinne 123
Kernbeißer 25
Kiebitz 23, 29
Kiefer 87, 88, 102, 104, 108
Kiefernbestandsrüssler 100
Kiefernschwärmer 100
Kiefernspanner 100
Kielnacktschnecke 124
Killerwal 139
Kirsche 90, 91, 103, 105
Klappertopf 70, 81
Klatschmohn 111
Klebkraut 112
Kleiber 13, 23, 25, 26, 99, 118
Kleiner Fuchs 49, 121, 134

Kleinspecht 13
Klette, Große 76
Klette, Kleine 113
Kletterpflanzen 112
Klippen 75
Knabenkraut 71, 77
Knoblauchsrauke 44
Knolliger Hahnenfuß 81
Knospen 87, 92–94
Knutt 16
Kobel 98
Köcherfliege 37, 53, 59
Kohlmeise 24–26, 118
Kohlweißling 38, 48, 49, 56, 134
Kohlweißling, Kleiner 49, 134
Kokon 123
Kolbenwasserkäfer, Großer 53
Königin 34, 46, 47, 120
Königslibelle 37
Konsolenpilz 100
Korallenfische 150
Korallenformen 150
Kormoran 17, 32, 155
Kornblume 83
Kornrade 82
Korsische Kiefer 88
Kotfresser 45
Kotkäfer 56, 120
Krabbe 145
Krähe 21, 23, 30
Krähenscharbe 17
Krauser Ampfer 112
Krebs 145
Kreuzotter 131
Kreuzschnabel 25
Kreuzspinne 35, 122, 123
Krickente 14
Kriechender Günsel 63, 67, 110
Kriechender Hahnenfuß 71
Kronblätter 62, 63
Küchenschabe 36, 41, 58
Küchenschelle 77
Kuckuck 28
Küstenseeschwalbe 10, 74

L

Labkraut, Echtes 81
Lachmöwe 7, 20, 29, 74
Laich 133
Laichkraut 72
Laichkrautzünsler 52
Lärche, Europäische 87, 90, 103, 104
Larven 37–39, 44–47, 52, 53, 117
Laubbäume 89
Laubwald 99
Laus 59, 100
Leimkraut 69, 80
Lemming 18
Leuchtfisch 152
Leuchtqualle 149
Libanonzeder 90
Libelle 37, 52, 53, 56, 133
Lichtnelke, Rote 63
Lichtnelke, Weiße 79
Linde, Sommerlinde 86, 89, 106, 108
Lippfisch 150
Löffelente 14
Löwenzahn 65, 76, 78, 113

M

Mädesüß 71, 73
Magnolie 93
Maiglöckchen 110
Maikäfer 51, 117, 130
Maikäfer, Larve 37, 51, 101, 117

Register

Manta 141
Marienkäfer 36, 45, 51, 56, 115, 130, 131
Marmorkegelschnecke 144
Mauerfuchs 56, 120
Mauerglaskraut 78
Mauersegler 14, 20, 26, 119
Mauerwespe 114
Maulwurf 117
Mäusebussard 19, 29
Mausohr-Habichtskraut 63
Meerechse 155
Meereszonen 148
Meerfenchel 75
Meerkohl 75
Meersenf 65, 74, 80
Mehlschwalbe 21, 23, 26, 119
Meise 20, 23, 26, 99, 118, 119
Messingeule 57, 127
Miesmuschel 144
Milzkraut, Gegenblättriges 69
Minierer 44, 100
Minierfliegen 100
Mistel 99
Misteldrossel 23, 28, 119
Mistkäfer 45, 120
Moderkäfer, Schwarzer 36, 121
Mohn 64, 111
Moltebeere 80
Mönchsgrasmücke 11
Mondfisch 154
Mondvogel 57, 134
Moorschneehuhn 18
Moorschneehuhn, Schottisches 18
Moos 99
Mosaikjungfer 56, 133
Möwe 7, 20, 29, 74, 130
Mücke 45, 52, 53
Muräne 149
Mutterkraut 80, 111

N
Nachtfalter 48, 50, 51, 57, 60
Nachtigall 12, 23
Nachtkerze 79
Nachtpfauenauge 41, 131
Nachtschwalbenschwanz 134
Nacktschnecke, Schwarze 98
Nadelbäume 88
Nadelwald 98
Natternkopf 74, 83
Nebelkrähe 30
Neptunsbecher 143
Netzschnecke 135
Neuntöter 19
Nierengalle 101
Nierenmakeleule 57, 115, 117
Nistmaterial (Vögel) 128
Nistplätze 16
Nordpol 147
Nordpolarmeer 142
Nüsse 91
Nymphe 38, 52

O
Ochsenauge, Großes 39, 49, 56, 121
Ochsenauge, Rotbraunes 130
Odermennig 65
Ohrwurm 36, 58, 120
Ölbaum (Olivenbaum) 105
Orka 139

P
Palme 87, 88
Papageitaucher 17, 147

Papierboot 143
Pappel 86, 88, 89, 93, 106, 108
Pappelschwärmer 49, 57
Pazifik 142
Pelzbiene 59, 120
Perlboot 143
Persischer Ehrenpreis 83
Pfeifente 14
Pfeileule 44, 120
Pfeilschwanzkrebs 145
Pfennigkraut 71
Pinguin 146
Pinie 90
Platane, Gewöhnliche 91, 93, 107
Plattbauch 56
Plättchen-Seeschlange 148
Pollen 65
Posthornschnecke 133
Postillon 37
Pottwal 138
Prachtlibelle, Gebänderte 53
Punktspanner 50
Puppe 39, 48
Pusteblume 65
Pyjamaschnecke 148
Pyramidenpappel 86, 108

Q
Qualle 149
Quastenflosser 153
Quecke 110

R
Rabenkrähe 21, 30
Rasen 111
Raubwürger 19
Rauchschwalbe 10, 21, 23, 26, 72, 119
Raupen 37, 41, 42, 44, 48, 49, 52, 100
Raygras 110
Regeln, Insektenforscher 55
Regenwurm 99, 116
Reiher 23, 32
Reiherente 14, 31
Riesenkalmar 142
Riesenmanta 141
Rinde 86, 102
Ringdrossel 19
Ringelblume 110
Ringelgans 16
Ringeltaube 23, 29
Rispengras, Einjähriges 110
Rittersporn 83
Robbe 147
Robinie 91, 107
Rochen 141
Rohrammer 6
Rohrdommel 15
Rohrkolben, Breitblättriger 73
Rose 111
Rosskastanie 87, 89, 92, 107
Rotbuche 86, 93, 102, 106
Rotdrossel 11
Rote Knotenameise 35
Rotes Waldvöglein 65
Rotfeuerfisch 148
Rothirsch 98
Rotkehlchen 7, 27, 118
Rückenschwimmer 42, 52, 133

S
Saateule (Raupe) 121
Saatkrähe 23, 30, 99
Saftkugler 125

Salomonssiegel 67
Salweide 105
Salzmarschen 16
Salzwiesen 75
Samen (Bäume) 87, 90, 91
Samen, Samenbildung (Wildbl.) 64, 65
Samtfalter, Ockerbindiger 131
Sandbiene 59, 134
Sanddünen 74
Sandlaufkäfer 45
Sandwespe 45, 59
Sattelrobbe 147
Schachbrettblume 77
Schädlingsbekämpfungsmittel 129
Schafgarbe 80, 135
Schafstelze, Englische 130
Schalenschildlaus 100
Schallblase 132
Scharbockskraut 67
Scharfer Hahnenfuß 135
Scheinzypresse 88, 104
Schiffsboot 143
Schildwanze 36, 58, 134
Schilfrohr 72
Schlammfliege 37, 53
Schlammgallwespe 51
Schlehenspinner 57, 134
Schleiereule 23, 29
Schlupfwespe, Gelbe 121
Schlüsselblume 66, 131
Schmalblättriges Weidenröschen 62, 79, 113
Schmeißfliege 38, 40
Schmetterling 39, 41, 44, 48, 49, 56, 57, 99
Schmetterlingsstrauch 49
Schnabel, Form 7
Schnake 36, 58, 117
Schnecken 35, 115, 124, 125, 133, 135, 144
Schnellkäfer 43, 56, 117, 121
Schnepfenfliege 120
Schnurfüßer 125
Schornsteinfeger 130
Schwalben 10, 16, 23, 24, 26, 72, 74, 119
Schwalbenschwanz (Raupe) 37
Schwämme 143
Schwan (Schmetterling) 44, 121
Schwan (Vogel) 32
Schwanzmeise 20, 23, 26
Schwarzerle 93, 106
Schwarzkäfer 121, 126
Schwarzkehlchen 23
Schwarzpappel 89, 106
Schwarzspecht 13
Schwebfliege 35, 45, 53, 114
Schwertfisch 152
Schwertschrecke, Kurzflüglige 130
Schwertwal 139
Schwimmwanze 58
Sechsfleck-Widderchen 57
Seeleopard 146
Seelöwen 147
Seeotter 154
Seepferdchen, Langschnäuziges 143
Seerose 133
Seestern 151
Seifenkraut, Gewöhnliches 82
Siebenpunktmarienkäfer 45, 56, 131
Silberbeil 152
Silberfischchen 59, 121
Silbermöwe 29, 130
Singdrossel 22, 23, 25, 28, 128
Singschwan 32
Singzikade 58
Sinnesorgane (Insekten) 40

Skorpion, Wasserskorpion 53
Skorpionsfliege 37, 58, 134
Solitärbiene 128
Solitärwespe 128
Sommer-Adonisröschen 82
Sonnenröschen, Gewöhnliches 81
Sonnentau, Rundblättriger 69
Spanner 50, 57, 120
Spannerraupe 42, 100, 120
Specht 13, 23–25, 28, 98, 99, 114
Speckkäfer, Gemeiner 56
Sperber 6, 24
Sperling 27, 118
Spinne 35, 115, 122, 123
Spinnennetz 122, 123
Spitzahorn 107
Spitzwegerich 78, 135
Spornblume, Rote 82
Springkraut, Drüsiges 65
Stachelbeerspanner 44, 57, 134
Stadttaube 21
Standortfaktoren 68
Standvögel 10
Stängel 62
Stängelloses Leimkraut 69
Star 11, 28, 119
Staubblätter 64
Stechginster 81, 131
Stechmücke 36, 45, 52
Stechpalme 89, 105
Steinadler 18
Steineiche 105
Steinfliege 59
Steinmarder 131
Steinschmätzer 19
Stempel 64
Sternmiere, Große 77, 80
Sternsteinbrech 69
Stiefmütterchen 60, 67, 70
Stieglitz 27, 119
Stieleiche 86, 89, 106, 108
Stockenten 8, 15, 23, 31
Storchschnabel, Stinkender 77
Strandaster 75
Stranddistel 74, 83
Stranddreizack 75
Strandflieder 75
Strandleimkraut 75
Strandmelde 75
Strandwegerich 75
Strauchheuschrecke 115
Streifenmuräne 149
Stubenfliege 36, 37, 43
Stummelkormoran 155
Südamerikanische Seelöwen 147
Südkaper 139
Sumpfdotterblume 71, 73, 81, 133
Sumpf-Kratzdistel 70
Sumpfohreule 18
Sumpfschwertlilie 133
Sumpfsegge 73
Sumpfveilchen 83
Sumpf-Vergissmeinnicht 71, 73

T
Tafelenten 8
Tagfalter 48, 56
Tagpfauenauge 49, 121, 128, 134
Tanne 90, 104
Tannenmeise 12, 26
Taube 21, 29, 119
Taubenkopf-Leimkraut 80
Taubnessel, Rote 113
Taubnessel, Weiße 80
Taumelkäfer 52, 53
Tausendblatt, Ähriges 72

Tausendfüßer 35, 114, 125
Teich im Garten 132
Teichhuhn 14, 23, 31
Teichläufer 52
Teichmolch 114
Teichrohrsänger 9
Teichrose, Gelbe 81
Teufelsangler 153
Teufelsrochen 141
Thuja, Riesenthuja 104
Tiefenzone 72
Tiefsee 152
Tiefseeanglerfisch 152
Tiger-Kaurischnecke 144
Tigerlilie 60
Timandra-Motte 57
Tintenfisch 142
Tordalk 17
Torfmoos 68
Totenkäfer, Großer 120
Trauerbachstelze 27, 118
Trauerschnäpper 12
Trauerweide 86, 105, 108
Tritonshorn 144
Trottellumme 17
Tulpenbaum 88, 107
Tümmler, Großer 140
Türkentaube 23, 29, 119
Turmfalke 21, 28

U
Uferschwalbe 23, 26
Uferzone 73
Ulme 91, 106, 108
Unkraut 78, 111–113

V
Venuskamm 144
Vergissmeinnicht 60, 69, 71, 73
Verwandlung (Insekten) 38, 39
Vierzehnpunktmarienkäfer 130
Vogelfelsen 16, 17
Vogelkirsche 105
Vogelmiere 135
Vogelsternmiere 113
Vogelwicke 83

W
Wacholder 90
Wal 138–140
Walbabys 138
Waldbaumläufer 26, 98, 118
Waldbingelkraut 65, 66
Waldbrettspiel 56, 99
Walderdbeere 77
Waldkauz 13, 99, 126
Waldkiefer 87, 102, 104, 108
Waldmaus 25, 115, 126
Waldmeister 66
Waldohreule 98
Waldpflege 96
Waldrebe, Gewöhnliche 76
Waldsauerklee 67
Waldschnepfe 13
Waldspitzmaus 99, 127
Waldvöglein 65, 67
Waldziest 82
Walnuss 93, 107
Walross 147
Wanzen 58
Wasseramsel 9, 19
Wasserfrosch 132
Wasserhahnenfuß 72
Wasserläufer 43, 53, 133
Wasserlinsen 72

Wasserpest, Kanadische 72, 133
Wasserpflanzen 72, 133
Wegschnecke, Große Schwarze 135
Wegwarte 83
Weichkopf-Grenadier 153
Weichtiere 142
Weide 86, 89, 90, 93, 103, 105, 108
Weidenröschen 62, 79, 82, 113
Weinbergschnecke 35, 124
Weinschwärmer 127, 134
Weißdorn-Schildwanze 58
Weiße Fetthenne 80
Weiße Fliege 58
Weißer Hai 141
Weißer Rost (Pilz) 100
Weißes Waldvöglein 67
Weißklee 74, 78, 110
Weißpappel 88, 93, 106
Weißstorch 11
Weißtanne 90, 104
Weißwal 140
Weltmeere 142
Wespe 34, 37, 45, 51, 59, 114, 120, 121, 128
Wespenkönigin 34
Wickler 51
Widderbock, Gemeiner 56
Wiedehopf 11
Wiesenameise 121
Wiesenbärenklau 80
Wiesenkerbel 63, 76, 80
Wiesenklee 70
Wiesenpieper 19
Wiesenprimel 131
Wiesensalbei 70
Wiesenschaumkraut 83, 131
Wilde Karde 76
Wildkohl 81
Windenschwärmer 120
Wintergoldhähnchen 12, 26, 98
Wolfsspinne 122
Wollraupenspinner 100
Wollschweber 36, 58, 134
Wuchsform (Bäume) 86, 108
Würger 19
Würmer 116
Wurmfarn 98
Wurzelbohrer 51
Wurzeln (Wildpflanzen) 62

Z
Zackeneule 121
Zapfen 90, 98
Zaunkönig 23, 26, 118, 128
Zaunrübe 112
Zaunwinde 112
Zeder 88, 90, 104
Zehnpunktmarienkäfer 51
Zerreiche 93, 94, 106
Zikaden 58
Zilpzalp 12
Zimbelkraut 78, 135
Zimmermannsbock 98
Zitronenfalter 49
Zitronenspanner 57
Zottiges Weidenröschen 82
Zweipunktmarienkäfer 36, 56, 115
22-Punktmarienkäfer 56
Zwergfledermaus 127
Zwergmispel 128
Zwergrückenschwimmer 53
Zwergschwan 32
Zypresse 88, 104

Quizlösungen zur CD

Hier findest du die Lösungen zu dem Quiz (Track 10 der CD):

Frage 1
Wohinein legt das Kuckucksweibchen seine Eier?
B. In fremde Nester

Frage 2
Von welchem Vogel stammt dieser Warnruf, auch als „tix, tix, tix"
bekannt?
A. Vom Amselmännchen

Frage 3
Erinnert ihr euch? „Ja, haben Sie denn, (ja, haben Sie denn), ja,
haben Sie schon gefrühstückt?" Welcher Vogelruf ist gemeint?
C. Der Ruf der Mönchsgrasmücke

Frage 4
Was sammeln die Bienen von den Blüten?
A. Blütenstaub, also Pollen, und Nektar

Frage 5
Welche Farbe hat der Klatschmohn?
C. Rot

Frage 6
Warum sollte man nichts in Baumstämme ritzen?
B. Weil der Baum dann krank werden kann

Frage 7
Wie heißen die Larven von Fröschen?
B. Kaulquappen

Frage 8
Welche Stechmücken stechen uns?
A. Nur die Weibchen

Frage 9
Welcher Wal singt hier?
C. Der Buckelwal

Frage 10
Welche Farbe hat der Kopf einer Lachmöwe im Sommer?
A. Schwarzbraun, wie die Maske von Batman

Impressum

Redaktion: Marion Krause

Titel der Originalausgabe:
The Usborne Nature Trail Book
© Usborne Publishing Ltd, London

Übersetzung:
Dr. Wolfgang Hensel

© für Kapitel „Meerestiere"
Fragment
Illustration: Zadrazil Vladimír

Die CD zum Buch stammt
aus dem Hause JUMBO
www.jumbo-medien.de

Umschlagfotos (soweit nicht anders
vermerkt © www.fotolia.de)
Vorderseite: sunset man (o ganz l),
zianlob © iStockphoto (ol),
diaphiris (or), pixelshaker (o ganz r),
Marty Kropp (Ml, R, h), Dmitriy
Syechin (M, h), makuba (Mr, R, h),
Digishooter (ul, h), Tobilander
(uM), objectsforall (ur, R, h);
Rückseite: o2beat (o ganz l),
SanGero (ol), Sergey Galushko (or),
Gabor Ruff (o ganz r)

o = oben; l = links; r = rechts;
M = Mitte; R = Rücken

Printed in Germany